Atalarımızın

GÖK TANRI

Dini

Ergun CANDAN

SINIR ÖTESİ YAYINLARI

Atalarımızın
GÖK TANRI
Dini

Ergun CANDAN

SINIR ÖTESİ YAYINLARI
REKLAM VE PRODÜKSİYON
HİZ. SAN. TİC. LTD. ŞTİ.

Telsiz Mah. 85/1 Sk. No: 23/ Dükkan:2 Zeytinburnu - İSTANBUL
Tel: 0 (212) 415 30 19 Faks: 0 (212) 415 18 30

www.sinirotesi.com
e-mail: info@sinirotesi.com

ISBN: 978-975-8312-73-3

• Dizgi Kapak Tasarım   : SINIR ÖTESİ YAYINLARI
• Genel Yayın Yönetmeni   : Ergun CANDAN
• Dağıtım Sorumlusu   : Zeynel YILDIRIM
• Müdür   : Ali ÖZCAN
• Editör   : Nilüfer ARITAN
• Araştırma Departmanı   : Neslihan ALANTAR
• Baskı   : DOĞA BASIM İLERİ MATBAACILIK
                            San. ve Tic. Ltd. Şti.
                            İ.O.S.B Turgut Özal Cad. Çelik Yenal End.
                            Merkezi No.117 2A-B İkitelli İST.
                            Tel: 0(212) 407 09 00

1. Baskı: Eylül 2013 (6000 adet basılmıştır.)

İÇİNDEKİLER

Bir zamanlar Orta Asya'da yaşananlar, atalarımızın bilinmeyen gizli tarihini oluşturmuş bir süreçtir. Bugün bile hâlâ gizemini koruyan o günlerde yaşananlar, Eski Türk Mitolojisi'ni oluşturan bazı efsanelerle günümüze kadar gelebilmiştir.

GİRİŞ

Sırlar saklanmalı ve açıklanmamalıydı...
Ama geçmişe ait anıların unutulmasına da izin
verilemezdi!..
Sonunda bir çözüm bulundu...

Yeni bir çağa doğru...

Bir zamanlar Dünya'da yaşayan iki büyük uygarlık arka arkaya yaşanan büyük tufanlarla tarih sahnesinden silinmiş, sadece çevre kıtalara göç edenler hayatta kalabilmişlerdi.

İnsanlar yaşanan bu iki büyük yıkımın sonunda her şeye yeniden başlamak zorunda kalmışlardı. Yüzyıllardır süren göçler sonunda bizim kıtalarımızda yeni yerleşim birimleri oluşturulmuş ve buralarda insanlık yeni bir devreye hazırlanmaktaydı.

Binlerce yıl süren o muhteşem günler çoktan geride kalmış, insanlık artık aşağıya iniş sürecine girmiş, her geçen gün o eski bilgeliğin yerini yeni başlayan Demir Çağ'ın yaşam standartları almaya başlamıştı.

O büyük trajedi ve sonrasında yaşananlar gelecek kuşaklara aktarılmalı ve bu yaşananlar gelecekte de hatırlanmalıydı. O büyük Mu Kültürü unutulmamalıydı. Gelecekte birçok dine kaynaklık yapacak ve inisiyelerin yolunu aydınlatacak olan *"Altın Çağ"*a ait anılar ve bilgiler yokolup gitmemeliydi.

Ancak ortada bir sorun vardı... Mu'ya at bilgiler açık olarak aktarılamazdı. Çünkü insanlık farklı bir çağa doğru ilerlemekte ve bu çağda artık açık bilgilere yer olmayacaktı. Aksi takdirde tüm gidişat allak bullak olur ve insanlık aşağıya iniş sürecine geçemezdi. Bir taraftan da tüm olup bitenler ve Mu'ya ait bilgilerin hiç değilse bir kısmının aktarılması gerekiyordu.

Sırlar nasıl saklanacak... Nasıl açıklanacaktı?...

Hem açıklanmalı, hem de saklanmalıydı... Ama bu öyle bir saklama olmalıydı ki, saklayalım derken tamamen unutulup gitmemeliydi.

Bu bir hayli zor bir işti... Adeta içinden çıkılmaz bir sorun gibi görünüyor..

İşte o gece Ra-Mu'nun başkanlığını yaptığı ve yüzlerce Naacal rahibinin toplandığı o büyük mecliste buna bir çare arandı. Sırlar nasıl açıklanacak ama nasıl saklanacaktı?... Naacal rahiplerinin ve eski Mu halkının hiç alışık olmadıkları bir durumla karşı karşıya kalmışlardı. O güne kadar hiç böyle bir durumla karşılaşmamışlardı...

Mu'da böyle bir şeye ihtiyaç yoktu. Herşey apaçıktı. Bilgiler herkese aynı şekilde apaçık aktarılabiliniyordu. Şuursal yapıları buna uygundu. Şimdi ise farklı bir kıtada farklı bir sürecin içine girilmişti. *"Altın Çağ"*ın aydınlığı artık yavaş yavaş kararacak, *"Demir Çağ"*ın karanlığı tüm dünyayı saracaktı. Bu insanlığın aşamalı aşağıya iniş sürecine gireceği anlamına geliyordu. Bu çağda insanlık açık bilgiden uzak kalacaktı. Bunu da en iyi bilenler bu toplantıya katılan rahiplerdi.

Kıtaları yaşanılan büyük tufanın sonunda parçalanmış ve geriye sadece küçük ada parçaları bırakarak okyanusun derinliklerine gömülmüştü. Ardından da Atlantis aynı kaderi yaşamıştı.

Bu büyük trajedilerin yaşanmasından önce çevre kıtalara göçler düzenlenleyenler bu geldikleri yerlerde her şeye yeniden başlamak zorundaydılar. Yeni yapılar, mabetler kuracaklar ve geçmişin anılarını burada yaşatarak geleceğe aktaracaklardı. Ama en büyük zorluk bu anıların üstünü örterek anlatmakta yaşanıyordu. Hem anlatacaklar hem de saklayacaklardı. Açıkça değil, üstü perdelenmiş bir şekilde...

*

* *

Ve sonunda bir yol bulundu.

Naacal rahiplerin o toplantısında sonunda bir yol bulundu... Yaşanılanlar ve geçmişe ait inisiyatik bilgilerini hikayeleştirilerek anlatacaklardı. Görünürde bir çocuk masalı gibi olacak ama içinde geçmişe ait büyük sırlar saklayacaklardı.

Bunu yapabilmek için hikayelerin içleri, her biri bir bilgiye karşılık gelen sembollerle donatılacaktı. Bunun için de önce sembollerin belirlenmesi gerekiyordu. İlk başta kullanılacak semboller belirlenmeye başlandı. Bu başlı başına çok önemli bir çalışmaydı. Çünkü semboller öyle seçilmeliydi ki, tamamen anlaşılmaz ve gelecekte insanların hiçbir şey anlamayacakları gibi olmamalıydı. Ama bir okunuşta da anlaşılamayacak kadar kapalı olmalıydı.

Bu ilk kez denenecek olan bir uygulamaydı. Ezoterizmin ilk adımları işte bu şekilde atılmaya başlanıyordu...

Böylelikle mitolojiler oluşturulmaya başlandı. Mitolojilerin masalımsı anlatımlarında, yaşanılanlar ve geçmişe ait bilgiler gizlendi.

... *"Altın Çağ"* artık sona ermişti. Artık hiçbir şey eskisi gibi olmayacaktı. Ama eskinin anıları geleceğe de bu bulunan yolla aktarılabilecekti...

Şimdi işte o günlere geri dönüyoruz...

I

GEÇMİŞTEN GELEN BÜYÜK SIR

Sonun sırrı,
başlangıcın sırrında saklıdır...

MİTOLOJİLERİ OKUYABİLMEK

Yaptıkları bu işte öyle başarılı oldular ki, aradan geçen bunca zamana rağmen kuşaktan kuşağa aktarılarak gelen mitolojik hikâyelerin ardındaki sırlara ulaşabilmek, uzun bir süre mümkün olamadı... Bugün bile ezoterik bilgilerle mitolojileri yorumlayamayanlar için bu sırlar gizliliğini sürdürmeye devam etmektedir...

"Efsaneler küçük bir parçasıyla gerçek, büyük parçasıyla hayâldir. Eski Türkler, dişi bir kurdun oğulları ve kızları olarak doğduklarına inanmıştı."

Mitolojiler ne yazık ki, günümüzde hâlâ okullarımızda öğrencilerimize bu şekilde gösterilmekte ve bu şekilde öğretilmektedir.

Bu yanlış anlayışın henüz düzeltilememiş olması, okullarımızdaki öğrenim sisteminde ezoterik bilgilerin göz ardı edilmesinden kaynaklanmaktadır. Her ne kadar okullarımızda bu düşünce sistemi varlığını sürdürse de, günümüzde birçok kişi kendi özel imkânlarıyla yaptıkları inceleme ve araştırmalarla, mitolojilerin ardında çok önemli ezoterik bilgilerin bulunduğunu artık fark etmiş durumdadır. Her geçen gün artan büyük bir okur kitlesi, bâtıni öğretileri, inisiyatik çalışmaları ve ezoterik bilgileri araştırmaktadır.

O kurt bildiğiniz kurt değildir

"Atalarımız dişi bir kurdun oğulları ve kızları olarak doğduklarına inanmamışlardı." Bu sözü birçok yerde duymuş ve okumuşsunuzdur. Türklerin'in kurttan türediklerine inanıyorlardı diye bir yorum; hem mitolojilerin sembolik bir dille ezoterik bilgileri anlattıklarını göz önünde bulunduramamaktan, hem de eski devirlerde yaşayan insanların zihinsel yapılarının gelişmemiş, çok geri düzeyde olduklarına dair yanlış ön kabulden kaynaklanmaktadır.

Türk Mitolojisi'nde *"Kurt'tan Türeyiş Efsanesi"* var diye, atalarımızın kurttan doğduklarına inandıklarını söylemek, yapılan yanlış bir yorumun sonucudur.

Evet... Türk Mitolojisi'nin en önemli ögelerinden biri *"Kurt'tan Türeyiş Efsanesi"*dir. Ama bu efsanenin içerdiği bilgi bu değildir. Çünkü o *"Kurt"* dağlarda dolaşan bildiğimiz *"Kurt"* değildir.

Diğer efsanelerde olduğu gibi Türk Mitolojisi'nde geçen *"Kurt'tan Türeyiş Efsanelerini"*ni de doğru okuyabilmek için ezoterik bilgilere ihtiyaç vardır. Aksi takdirde mitolojik hikâyelerle bir zamanlar anlatılmış olan gerçeklere ulaşabilmemiz mümkün olamaz.

GEÇMİŞ DEVRİN İNSANLARI

Mitolojileri gerçek kimliğiyle ele alabilmek için öncelikle bu metinlerin kimler tarafından oluşturulduğunu iyi tespit etmek gerekir. Bu metinleri ilk oluşturanların zihinsel olarak bizden çok geri düzeyde olduklarını ve onların ateşe, taşlara taptıklarını düşünüyorsak ve böyle bir ön kabulün arkasından meseleye bakıyorsak, mitolojik metinler bizim için güvenilmez ve akıl dışı hikâyelermiş gibi gelecektir ki, günümüzde hâlâ böyle bir geleneksel anlayışın hakim olduğunu görmekteyiz.

Okullarımızda öğrencilerimize öğretilen geleneksel kabul görmüş anlayış, geçmiş devirlerde yaşayan insanların putperest bir toplum oldukları yolundadır. Ancak mesele ezoterik bilgiler ışığında ele alındığında; tarihin hiçbir döneminde, hiçbir toplumun putlara tapmadıkları görülmektedir.

İlkel olarak adlandırılmaya çalışılan toplumların bünyesinde yaşamış olan insanların en büyük özellikleri; okullarda da öğretilmeye çalışıldığı gibi, *"putperest"* olmalarıydı. Evet ilk okula başladığımız günlerden, üniversitenin son yıllarına kadar, dünya insanının geçirmiş olduğu tarihsel sürecin başlangıç noktası olarak, bizlere hep *"Taş Devri"* ve *"Taş Devri"*nin ilkel insanları gösterilmiştir...

Bu tarihsel kronolojik yapının içinde bizlerden gerek bilimsel gerekse de spiritüel alanda çok daha ileri seviyede oldukları bilinen Mu ve Atlantis Uygarlıkları'na yer verilmez.

Tibet'teki bir mabette saklanan ve bazı rahipler tarafından kendisine açıklanan Naacal Yazıtları'ndan edindiği bilgiler ışığında 1927 yılında James Churchward tarafından çizilen MU Haritası.

İlk araştırmayı Atatürk yaptırmıştı...

Bu alanda Türkiye'de ilk araştırma daha önceki kitaplarımda da sizlere aktarmış olduğum gibi Atatürk tarafından gerçekleştirilmiş ve yurdumuzda Mu ve Atlantis Uygarlıkları ile ilgili kapsamlı bir araştırma bizzat Atatürk tarafından yaptırılmıştır. Ne yazık ki, kendisinden sonra bu alanda resmi ve bilimsel hiçbir araştırma yapılmamış ve Atatürk'ün ortaya çıkarttığı bilgiler üzerinde bilimsel çevreler yeterince durmamış hatta böyle bir araştırmayı görmemezlikten gelmişlerdir.

Atatürk'ün yaşamının son yıllarında yaptırmış olduğu o araştırma daha derinleştirilmiş ve üzerinde bilimsel araştırmalar gerçekleştirilmiş olsaydı, sadece mitolojilerin içeriklerine ulaşmak değil, dinlerin de asıl içeriklerine ulaşabilmek mümkün olabilirdi.

Ama bunun istenmediğini hepimiz biliyoruz. Özellikle de dinlerin grçek içeriklerinin su üstüne çıkması hiçbir zaman istenmemiştir. Dinlerin bu içsel bilgilerini ortaya çıkartmak için İslâmiyet'in içinde yürütülen bâtıni çalışmalar tarihin her döneminde din dışı çalışmalar olarak nitelendirilmiş ve halka bu düşünce dini otoritelerce sunulmuştur.

Böylelikle halkın büyük bir bölümü bu bilgilerden uzak kalmış ve onlar için dini bilgiler kendilerine anlatılan ibadet ve iman aşamasından öteye geçememiştir.

Atatürk'ün yaptırdığı ve kendisinin bizzat ilgilendiği bu araştırmaların büyük bir kayıp olmuştur. Atatürk tarafından çeşitli profesörler ve bilimadamlarınca gerçekleştirilen bu araştırmalar sürdürülmüş olsaydı, bugün okullarımızda öğreatilen tarihsel kronoloji ve dinler tarihi çok farklı noktalara gelebilirdi. Ancak ne yazık ki, bu mümkün olamamıştır.

İlkel insanlar kimlerdir?

Günümüzde kabul görmüş geleneksel anlayışa göre; ilkel diye nitelenen bu insanlar, mağaralarda yaşayan, karınlarını avcılıkla doyuran, ateşi bilmedikleri için de, avladıkları hayvanları çiğ çiğ yiyen insanlardı!... Boş zamanlarında da mağara duvarlarına resimler yaparlardı!...

Bu ilkel insanlar bir gün gökyüzünden gelen yıldırım vasıtasıyla ateşi tanımışlar ve avladıkları hayvanları pişirmeye başlamışlar!.. Karınları doyduktan sonra da: *"Ya!.. Kardeşim!... Bizi yaratsa yaratsa herhâlde bizi bu gökyüzünden gelen eteş yaratmıştır"* demişler ve başlamışlar ateşe tapmaya!.. Bir başka ilkel topluluk da : *"Yok"* demiş... *"Bizi bu küçücük ateş parçası yaratmış olamaz... Yaratsa yaratsa, gökteki büyük ateş yaratmıştır. Bu yüzden biz en iyisi büyük ateşe tapalım..."*

...Ve başlamışlar güneşe tapmaya!...

Dünyanın bir başka yöresinde ise yine bir grup insancık toplanmış... Elinden, böyle güzel yontma işi gelen birkaç ilkel, bir araya gelip, tahtadan ya da taştan koşkoca bir heykel yapmışlar. Sonra da karşısına geçip: *"Ey insanlar; işte bizim yaratıcımız budur. Bizi bu yarattı!.. Bundan sonra da artık hepimiz buna tapacağız"* demişler. Ve başlamışlar kendi elleriyle yapmış oldukları o heykele tapmaya!...

Bunlara benzer görüşler yıllardır savunulmaya çalışılmıştır...

Şimdi bir an için lütfen mantıklı olarak düşünelim:

Normal zekaya sahip bir insan kendi elinin ürünü olan bir nesnenin, kendisini yaratmış olabileceğini düşünübilir mi acaba?

Biz şu anda böyle bir şeye inanabilir miyiz?... Önce oturup bir *"totem"* yapacağız... Sonra da onun karşısına geçip *"Bizi bu totem yarattı"* diyeceğiz. Peki biz şu anda böyle bir şeyin doğru olabileceğine inanmıyoruz da; acaba o devrin insanları, buna nasıl inanmışlardır dersiniz? O devirdeki insanların böyle bir şeye inanmış olabilecekleri fikrine, asıl biz nasıl inanabiliyoruz?!..

Yoksa o devirdeki insanların, zekâ seviyelerinin çok geri

olduğunu ve zihinlerinin çok fazla çalışmadığını mı düşünüyoruz? Eğer böyle düşünüyorsak büyük bir yanılgı içinde olduğumuzu söyleyebilirim. Mitolojileri oluşturan efsaneler incelendiğinde, bunun hiç de böyle olmadığı rahatlıkla görülebilir. Çünkü mitolojileri oluşturan zekâlar bizim şu anda bilmediğimiz birçok sırra sahip kişilerdi. Onlar bu bilgilerini mitolojiler vasıtasıyla bizlere aktarmaya çalışmışlardı.

TÜRK MİTOLOJİSİ'Nİ OLUŞTURAN EFSANELER

İlk kez Mustafa Kemal Atatürk'ün ortaya çıkarttığı gibi Türkler'in ırksal kökeni; üstünde savaş nedir bilinmeyen ve topraklarında güneş batmayan devasa Mu Kıtası'na dayanmaktaydı. Adeta cennet hayatının yaşandığı ve kozmik bilgilerle donanmış bu uygarlığın dönemi, kadim öğretilerde Altın Çağ olarak isimlendirilmişti.

Atlantis'ten çok daha önce tektonik ve jeolojik nedenlerden dolayı Pasifik Okyanusu'nda parçalanarak batan bu kıtadan çevre kıtaların on farklı bölgelerine göçler düzenlenmiş ve bu büyük yıkımdan kurtulmayı başarabilen çok sayıda Mulu gittikleri yerlerde gelecek nesillerin atalarını oluşturmuşlardı.

Mu Kıtası'ndan çevre kıtalara yapılan en yoğun göçlerden biri Orta Asya olmuştur. Türkler'in ataları ilk kez Orta Asya'ya çıkan Mu Kıtası'ndan gelenlerdi. Geldikleri yerde binlerce yılı aşkın bir süre kalan ve zaman içinde geldikleri yerdeki diğer ırklarla karışan ve sonunda tarih sahnesinde bizim Hunlular diye bildiğimiz atalarımızın atalarını işte bu göçlerle buraya gelen Mulular oluşturmuştu.

Eski Türk Mitolojisi bu bilgilerle doludur. Aradan geçen bunca yıl kuşkusuz ki, mitolojilerin de büyük bir oranda ilk günkü hâllerini yitirmesine neden olmuştur. Ama tüm bunlara rağmen, Eski Türk Mitolojisi'nde bu kadim bilgileri yakalamak mümkündür.

İslâmiyet öncesi Gök Tanrı Kültü'nün hakim olduğu çağlara ait Eski Türk Mitolojisi farklı Türk toplumlarında kısmen farklılık gösteren farklı efsanelerden oluşur.

"Kurt'tan Türeyiş", *"Ergenekon"*, *"Yaradılış"* ve *"Oğuz Kağan"* Eski Türk Mitolojisi'ni oluşturan ve içerdiği ezoterik bilgiler bakımından en önemli efsanelerdir.

Bu efsanelerin farklı Türk toplumlarında farklı versiyonları bulunmaktadır. Bu efsanelerin hiçbiri, bütün hâlinde günümüze kadar gelememiştir. Çin ve Rus Kayıtları'ndan öğrendiğimiz bu efsaneler, çeşitli kaynaklarda özet ve bir başka konuyu anlatırken geçen alıntılar şeklinde günümüze kadar gelebilmiştir.

Türk Mitolojisi'nin temel sembolleri

İslâmiyet öncesi Türk Kültür izlerinin en önemli özellikleri Eski Türk Mitolojisi'nde yer alır... Bu nedenle atalarımızın kültür özelliklerini öğrenmek istiyorsak, mitolojilere bakmaktan başka çaremiz yoktur. Genel olarak ele alındığında Türk Mitolojisi'nde geçen temel sembolleri 13 ana başlık altında toplayabiliriz.

- Gök - Tanrı
- Gök – Kurt ve Kartal
- Mağara ve Kutsal Dağlar
- Demir, Demirci ve Ergenekon
- Gökyüzünden yeryüzüne inen ışıklar
- Rüyalar
- Ağaçlar
- Irmaklar
- Ok ve Yay
- Kırklar
- Canavarla mücadele
- Baba öldürme
- Ateş, Güneş ve Ay

Yukarıda saydığınız motifler, Türk Mitolojisi'nin başlıca unsurlarını ve sembollerini oluşturur. Ve herbirinin içinde derin bilgiler ve sırlar saklıdır. Bu sembolleri ezoterik bilgiler ışığında çözebilirsek, efsanelerde geçen diğer tali sembolleri çok daha kolay anlayabilmemiz mümkün olacaktır.

Bir zamanlar Orta Asya'da yaşanan olaylar, dünya tarihinin en gizemli olaylarının başında yer alır...

O gizemlerin başında da "Gök Kurt" gelir. Anlatılanlara bakacak olursak, o gizemli kurt atalarımızla birlikte yaşamış, onlara önderlik etmiştir.

Kurdun gizemi bunlarla da bitmiyor. Bazı efsanelerde atalarımızın soy ağacı o kurda bağlanıyor...

Peki bütün bunlar ne anlama geliyor?..

Gelin o dönemlerde neler olup bitmişti hep birlikte mitolojilerin o sihirli dünyasına girerek; takip etmeye, izlemeye ve anlamaya çalışalım...

Atalarımız için çift başlı kartal sembolü çok ayrıcalıklı bir yere sahipti.

KURT VE KURTTAN TÜREYİŞ EFSANELERİ

Büyük Hun İmparatorluğu kurulurken, Hunlar'dan başka Orta Asya'da güç sahibi olan başka devletler de vardı. Bunlar arasında Wu - Sunlar ve Kao-Çılar önemli bir yer tutuyordu. Çin Tarihi Kayıtları'nda *"Kurt"* ile ilgili en eski efsane Wu - Sunlar'a aittir.

Wu-Sunlar'ın Kurt'tan Türeyiş Efsanesi

Hun Hükümdarı Wu-Sun Kralı'na savaş açmış ve bu savaşta Wu-Sun Kralı'nı öldürmüştü. Çok küçük yaştaki oğlu Kun-mo'ya ise kıyamayarak onu öldürememişti. Wu-Sun Kralı'nın küçük oğlu Kun-mo'yu hayatta kalıp kalamayacağını kendi kaderine bırakmak için çöle bırakılmasını emretmişti.

Çocuk çölde emeklerken başının üzerinde bir karga dolaşmış ve gagasında tuttuğu eti ona vererek oradan uzaklaşmıştı. Az sonra çocuğun etrafında bu defa da dişi bir kurt dolaşmaya başlamış. Kurt da cocuğa yaklaşmış ve memesini ağzına uzatarak onu doyuncaya kadar emzirdikten sonra o da oradan uzaklaşmış.

Bütün bu olup bitenleri de Hun Hükümdarı da uzaktan seyredermiş. Bunları görünce çocuğun kutsal bir yavru olduğunu anlamış ve hemen onu çölden alıp adamlarına vermiş. İyi bir bakımla büyütülmesini emretmiş.

Çocuk büyüyerek bir yiğit olmuş. Hun Hükümdarı da onu ordularından birine hükümdar yapmış. Gittikçe gelişen başarı üzerine başarı kazanan çocuğa gönül bağlayan Hun Hükümdarı, babasının eski devletini ona vererek, onu Wu-sun Kralı yapmış.

Buradaki savaş, ülkelerin birbirlerini yok etmeye çalıştığı bildiğimiz savaş değildir. İnisiyasyonda insanın kendisiyle olan savaşıdır. Savaştan edinilecek kazanç ise, inisiyasyonda kişinin kendisini tanıması, bilmesi ve ilâhi kökenini hatırlamasıdır. Ancak burada anlatılmak istenen asıl gerçek, kıtalarının batmasıyla birlikte göç ettikleri kıtada eski bilgeliği yaşatma gayretidir. Bir başka deyişle yeni göç edilen merkezlerde başlatılacak inisiyatik çalışmaların ilk adımıdır. Peki bu mitolojinin başlangıcı inisiyasyonu ve eskinin ilk anılarını mı anlatır?.. Evet... Sonrası?...

Şimdi onu görelim... Bunu görebilmek için de, önce yukarıda aktardığım efsanede geçen önemli sembolleri alt alta sıralayalım:

"Babasının öldürülüşü..."

"Tek başına çöllerde kalmak..."

"Karga ve Kurt'un çocuğu beslemesi..."

"Ülkenin hükümdarı olmak..."

Bunların tamamı ezoterik sembollerdir. Ve Türk Mitolojisi'nde sıklıkla kullanılmıştır.

"Babasının öldürülüşü" eski kıtasının yokoluşuyla birlikte her şeye yeniden başlamak zorunda olan insanların sembolüdür. Türk Mitolojisi'nde geçen baba öldürme sembolü ile buradaki babasının öldürülmesi birbirinden farklı anlamlara sahiptir. Bazı efsanelerde karşılaştığımız genç kahramanın babasını öldürmesinin ne anlama geldiğini ileriki sayfalarda ele alacağız.

"Tek başına çöllerde kalmak" yukarıdaki sembolün tamamlayıcısıdır. Geçmişin mükemmelliyeti geride kalmış ve her şeye yeniden başlamak zorunda olan insanları anlatmaktadır. Ve bir süre sonra da geçmişin tüm anıları unutulacak ve susuz kalan ülke gibi çöllere dönüşeceklerdir. Susuz kalacaklar yani bilgiden uzaklaşacaklardır. Aynen bizim şu anki hâlimiz gibi..

"Karga ve Kurt'un çocuğu beslemesi" eski bilgelikten uzaklaşılsa da, eskinin anısı onları hiçbir zaman bırakmayacak ve her zaman o eskinin bilgeliği kozmik olarak onların yanında olacaktır. Onlar onları çok iyi tanıyan Siriusyen varlıklardı. Karga leşleri yani eski anıları süpürüp atacak, Kurt ise onlara yeni başlayacak düzenle ilgili bilgiler verecektir... Ve az sonra göreceğiniz gibi kurt kendilerine o bilgileri vermiş ve onları hiçbir zaman yalnız bırakmamıştır.

"Ülkenin hükümdarı olmak" inisiyatik çalışmalarda kendi ruhsal büyüklüğüyle kişinin karşılaşması ve kendini bilmesini yani aydınlanmasını ve uyanmasını ifade eder.

Türk Mitolojisi'nde geçen en eski *"Kurttan Türeyiş Efsaneleri"*nden bir diğeriyle devam edelim...

Kao-Çılar'ın Kurt'tan Türeyiş Efsanesi

En eski Kurt'tan Türeyiş Efsanelerinden bir diğeri de, daha sonra Gök-Türk ve Uygur Devletleri'ni meydana getirecek olan Kao-çılar'a aittir.

Kao-Çı Kağan'ın çok akıllı iki kızı varmış. Bu kızlar o kadar akıllı ve o kadar iyi imişler ki, babaları şöyle bir karara varmış: "Bunlar o kadar iyi ki, bu kızlar ancak Tanrı ile evlenebilirler."

Bunu diyen Kağan kızlarını alıp bir tepenin başına götürmüş. Burada kızları Tanrı ile evlensinler diye beklemiş. Kızlar da tepede Tanrı'yı beklemeye başlamışlar.

Aradan epey bir zaman geçmiş... Ama bekledikleri Tanrı bir türlü gelmemiş. Kızlar sabırla beklerken bir gün tepenin etrafında ihtiyar ve erkek bir kurt görünmüş. Kurt tepenin çevresinde dolaşmaya başlamış.

Aradan günler geçmiş kurt tepenin çevresinde dolaşmaya devam etmiş. Küçük kız kurdun bu durumunu görünce şüphelenmiş ve kardeşine: "İşte bu kurt Tanrı'nın ta ken-

disidir. Ben inip kendisiyle evleneceğim" demiş.

Kardeşi, "Olmaz, sakın gitme" diye ısrar etmiş. Ama küçük kız dinlememiş. Tepeden inerek kurt ile evlenmiş. Kao-Çı halkı bu hükümdarın kızı ile kurttan türemiş.

Gerek Kurt ile ilgili efsanelerde gerekse de Kurt'tan Türeyiş Efsaneleri'nde Kurt'un bazen dişi bazen de erkek olarak ifade edildiğini görmekteyiz. Wu-Sunlar'ın efsanesinde dişi olan kurt burada erkektir.

Dişi Kurt ve Erkek Kurt efsanelerde farklı anlamlara gelen sembollerdir. Türk Mitolojisi'nde her ikisi de kullanılmıştır.

"Dişi Kurt" Siriusyen beslenmeyi yani bilgilendirmeyi ve tesirleriyle insanları kuşatmasını, *"Erkek Kurt"* ise kozmik tohumlanmayı sembolize etmektedir. Bunların ayrıntılarına ilerleyen sayfalarımızda döneceğiz..

Yukarıda aktardığım Kao-Çılar'a ait efsanede erkek kurt ile küçük kızın evlenmesi, kozmik tohumlanmayı hikâyeleştirerek yani mitolojik bir motife büründürerek anlatmaktadır. Efsanenin başlangıcına baktığımızda, hem babasının hem de kendisinin bu tohumlanmanın olacağını önceden bildiklerini ve bunun için özel olarak hazırlandıklarını anlıyoruz.

Gerek dini metinlerde gerekse de mitolojilerde dağlar ve mağaralar çok önemli bir yere sahiptir. Gözden ırak dağlardaki mağaralarda bir zamanlar hem özel inisiyatik çalışmalar yapılmakta, hem de çok ileri düzeyde kozmik irtibatlar gerçekleştirilmekteydi. Bir örnek vermek gerekirse Hz. Muhammed'in Cebrail'den ilk vahyi aldığı Hira Dağı'ndaki mağara bunlardan biriydi. Hz. Muhammed'in vahyi almaya başlamadan önce de bu mağaraya gittiği bilinmektedir.

*

* *

Efsanemize geri dönecek olursak; kızların tepeye tırmanmaları, bu özel kozmik irtibatın ve tohumlanmanın özel bir mabette gerekleştirildiğini anlattığını söyleyebiliriz. Ancak burada bir başka konunun kısaca üzerinde durmak istiyorum...

Kutsallığın ismi Tözler... Türkler...

Çinliler o dönemde Orta Asya'da yaşayan atalarımıza genel bir ad olarak Kao-Çı adını veriyorlardı. Çince'de Kao-Çı, *"yüksek tekerlekli arabalara sahip"* kavimler anlamına geliyordu.

Bugüne kadar bunun nedeni hakkında klasik tarih bilimince herhangi bir açıklama getirilememiştir. Ancak bir başka ilginç konu da Çinliler'in Kao-Çılar'a aynı zamanda T'ieh-le ismini vermiş olmalarıdır. O dönem atalarımızın lisanında Töliş, Töles, Töz gibi kavramlarla bu sözcüğün bir irtibatının olabileceği ile ilgili ilk açıklama Türk Mitolojisi ile ilgili çok ayrıntılı araştırmalar yapan Bahaddin Ögel tarafından yapılmıştır. (*)

Bu sözcükler çok önemlidir ve Türk sözcüğünün de ortaya çıkışıyla yakından ilgilidir. Bilindiği gibi o dönemlerde henüz Türk sözcüğü atalarımızla ilgili kullanılan bir isim değildi. Töz, o dönemde ve sonraları kutsallığı ifade eden sembollere verilen genel bir isimdir. Çinliler'in atalarımıza T'ieh-le ismini vermelerinin de bundan kaynaklanmış olabileceği tahmin edilmektedir. Nitekim benzer bir isimlendirme de çok daha sonraları Araplar tarafından da yapılmıştır.

Konuyu açalım...

Her ulusun isminin bir çıkış noktası vardır. İlk atalarımızın çağına geri dönüp de bir an için onlar arasında yaşayabil-

---

(*) Töliş, Tölös, Töles sözcükleri Çince'deki bozulmuş bir şeklinden başka bir şey olmaması çok muhtemeldi. TÜRK MİTOLOJİSİ, Cilt I, Sy: 16

me imkanımız olsaydı, o günlerde Türk diye bir isimle karşılaşmadığımızı görürdük. Türkler'in ataları olarak nitelendirilen Hunlar zamanında da durum aynıydı. Çeşitli kabilelerin boyların ve oymakların birleşmesiyle daha doğrusu bir araya gelmesiyle kurulmuş olan Hun İmparatorluğu'nda, o imparatorluğun bireylerine Hunlar denilmekteydi. Türkler diye bir tanımlama söz konusu değildi... Çünkü Türk sözcüğü o ırktan gelen uluslara verilen ortak bir sözcük olarak daha sonraları kullanılmaya başlanmıştır. Ve ilk kez bu sözcüğü kullanan atalarımız değil, Araplar'dır. Daha sonraları da atalarımız bu sözcüğü benimsemişlerdir.

Araplar en çok Altay ve Uygurlar'ın yaşadıkları Maveraünnehir bölgesi ve çevresiyle irtibat halindeydiler. Bu irtibatlarının savaş ağırlıklı bir irtibat olduğunu biliyoruz. Bu arada hemen altını çizmekte yarar görüyorum ki, *"Maveraünnehir"* ismi de yine Araplar tarafından kullanılmış bir sözcüktür. *"Nehrin karşı yakası"* anlamına gelir.

Müslüman olmayanlara karşı cihad açmış bulunan İslam Arap Orduları bu yörede yaşayanlarla ilk karşılaşmalarında gördüklerini kendilerine göre yorumlamışlar ve karşılaştıkları çok sayıdaki heykeller karşısında bu yörede yaşayanları bu heykellere tapan cahil insanlar zannetmişlerdi...

Orta Asya'da yaşayan ilk atalarımızın zamanında; günümüzde putlar olarak isimlendirilen heykellerin aslında *"Atalar Kültü"* ile yani *"Koruyucu Ruh"* inancıyla ilintiliydi. Bu putlara (sembolik heykellere) *"Töz"* veya *"Tös"* ismi verilmekteydi.

Eski dönemlerde kullanılan bazı sözcüklerin anlamlarını ele alarak konumuza devam edelim:

Tös ~ Töz: Baş, başlangıç ve köken anlamına gelir. Divan-ı Lügatit Türk'te de *asıl, köken* anlamında kullanılmıştır.

Altay, Yenisey ve Uygur Türkleri'nde yine aynı anlamı ifade etmekle birlikte; ölen Şaman'ın ya da ölen Ata'nın ruhu ve ölen Şaman'ın ya da Ata'nın ruhunu temsil eden tılsımlar olarak da kullanılmıştır.

Tüs ~ Tüz: Uygur, Çağatay başta olmak üzere birçok lehçede *"put"* - *"heykel"* anlamına gelen *"töz"* kelimesiyle bağlantılı bir sözcüktür. Sima, renk ve kıyafet anlamına gelir.

Tör ~ Tür: Muhtelif lehçelerde Tör kökünden üretilen tüm sözcükler doğuş, köken, soy, kabile gibi anlamlara gelir. Ayrıca çok önemli ikinci bir anlamı daha vardır: Üst taraf, evin veya çadırın en şerefli ve kutsal bölümü demektir.

Örneğin Altay ve Yenisey kabilelerinin kutsadıkları *"Töz"*ler evin veya çadırın bu en şerefli yerinde saklanırdı. *"Tör"* ismi verilen bu yerlere (Çadırın Törü'ne) herkes istediği gibi gidip oturamaz; orası kutsal bir mekân gibi muhafaza edilirdi. Yine bir örnek vermek gerekirse Kırgızlar'da gelinler *"Çadır'ın Törü"*ne geçemezlerdi. Kaynata kurban kesip özel izin vermedikçe gelinin Tör'e ayak basması kesin olarak yasaktı. Başka kabileden evlenen güveyin de vaziyeti gelin gibiydi.

Görüldüğü gibi *"Tör"* ve *"Töz"* sözcükleri arasında sıkı bir bağlantı vardır.

Tür ~ Türemek: Tür ve Türemek de yine Tör sözcüğünün birinci anlamından ortaya çıkmış ve günümüz Türkçesi'nde hâlen kullanılmaktadır.

Töz ~ Tör ~ Töre: Yine aynı şekilde Anadolu'da halen kullanılan *"Töre"* sözcüğünün de çıkışı töz ~ tös ve tör kelime köklerine bağlıdır. Böylelikle *"Türk Töresi"* dendiğinde ne kadar geniş bir anlama ve ne kadar geniş bir ruhsallık kültürüne bağlı bir meselenin dile getirilmekte olduğu sanırım daha iyi anlaşılabilmektedir.

Tör ~ Tür ~ Törkün ~ Türkün: Töz köküyle sıkı bağlantılı olan *"Tör"* sözcüğünden türetilen ve muhtelif lehçelerde kullanılan *"Törkün"* veya *"Türkün"* sözcükleri ile ilgili Abdülkadir İnan'ın bundan yıllar önce yayınladığı bir makalesinde geçen bir cümlesi aradığımız cevaba bizi bir adım daha yaklaştırmaktadır:

Eski zamanlarda törkün ~ türkün sözcükleri atalarımızın tözlerinin bulunduğu mabet manasını ifade etmiş olacaktır. (*)

Tös, Tör, Tür, Törkün, Türkün gibi, direkt *"Atalar Kültü"* ile bağlantılı heykelleri ifade eden bu sözcüklerin bu kadar yoğun olarak kullanıldığı bir kavimle karşılaşan Araplar'ın, bu kavimlere neden *"Türk"* dediklerini bu açıklamalardan sonra daha iyi anlamaya başladığımızı düşünüyorum... Bence Araplar çok uygun bir isim bulmuşlar... Ve evlerinin içinde heykellerden mabet oluşturmuş bu kavme Türkler demişler...

İşte yukarıda sıralamış olduğumuz bütün bunlar bir zamanlar Araplar'ın karşılaştıkları sözcükler ve bu sözcüklerde yaşayan atalarımızın inançlarıydı... Araplar'ın bütün bunlara çok sıcak yaklaşmadıklarınnı iyi biliyoruz. Araplar için Atalarımız, nehrin karşı yakasında oturan putperestlerden başka bir şey değillerdi. Böylelikle törkünlerle dolu bu diyarlarda yaşayanlara Türkler demişlerdi.

Atalarımızın daha sonra bu ismi benimsemiş olması son derece önemlidir. Çünkü Araplar bu sözcüğü putperestler anlamında belki kullanmışlardı ama işin gerçeğini bilen atalarımız için durum farklıydı ve törkünlerin ne anlama geldiklerini bildikleri için, Araplar'ın kendilerine taktıkları bu isimden hiçbir şekilde rahatsız olmamışlardı...

Biz yeniden Kurt'tan Türeyis Efsaneleri'ne geri dönelim...

Uygurlar'ın Kurt'tan Türeyiş Efsanesi

Kao-Çılar'ın Kurt'tan Türeyiş Efsanesi ile Uygurlar'ın Kurt'tan Türeyiş Efsaneleri hemen hemen birbirlerinin aynısı-

(*) Türk Tarih Arkeologya ve Etnografya Dergisi, Temmuz 1934, Sayı II. Aynı makale 1987 yılında Abdülkadir İnan'ın *"Makaleler ve İncelemeler"* isimli kitabında tekrar yayınlanmıştır. Bkz: Sy: 268-273.

dır. Efsanenin başlangıcı Gök Tanrı Kültü'nün hakim olduğu o dönemleri ifade eden sözlerle başlar:

> Büyük bir Hakan varmış, Gök - Tanrı'ya taparmış.
> Üç güzel kızı varmış, hep evine kaparmış.
> "Benim kızlarım" dermiş, "çoktan Tanrı'ya ermiş,
> nasıl bir insanoğlu, bu kızlara değermiş."
> Kızları almış, gitmiş yüksek bir dağa çıkmış.
> Kızları hayran kalmış, burada gök çok açıkmış.

> Demiş: "Burada bekleyin. Tanrı'ya dua edin.
> Eğer Tanrı almazsa, başka illere gidin."
> Kızlar çok beklemişler, "Tanrı gelmez" demişler.
> Bir erkek kurt görünmüş, kurdu benimsemişler.

> Kurt dağın etrafında, dolanmış her yanında.
> Küçük kızın kaynamış, bir aşk, sevgi kanında.
> Küçük kız demiş: "-Budur. Tanrı'nın şekli Kurt'tur."

> Kardeşleri: "Gel" demiş. "Bu kurt seni yer" demiş.
> Fakat kız dağdan inmiş, kurt: "Elini ver" demiş.
> Kurt kızı eve almış, bir mağaraya dalmış.
> Orada yaşamışlar, soyları da ün salmış.

Her iki efsanede de Kur'tun Tanrı'nın şekli olarak bahsedimiş olduğuna dikkatlerinizi çekmek isterim.

Burada anlatılan *"Kurt"*tan, biz bildiğimiz kurdu anlarsak, işi arap saçına çevirmemiz kaçınılmaz olacaktır. Burada sözü edilen *"Kurt"* dağlarda bayırlarda dolaşan dört ayaklı bildiğimiz kurt değildir.

Başta Dogon, Mısır ve Roma Mitolojileri olmak üzere çeşitli ulusların efsanelerinde de de kullanılmış olan kozmolojik çok özel bir ezoterik semboldür. Türk Mitolojisi'nin ise adeta başlangıcı gibidir. Zaten o nedenle de Türk Mitolojisi'ne biz de Kur'tan Türeyiş Efsaneleri'yle başladık..

Kurt ile ilgili efsanelerde çoğunlukla kullanılan bir diğer sembol de dağ ve mağara motifleridir. Bunların çoğu gizli yeraltı uygarlığı Agarta ile ilgilidir. Bir de ayrıcalıklı bir yeri olan Demir Dağ motifi vardı ki, bu da özellikle Ergenekon Efsanesi'nde çok belirgin olarak karşımıza çıkar. Bu efsaneyi birazdan ayrıntılı olarak ele alacağız..

Ancak burada mağara sembolü ile ilgili birkaç noktanın üzerinde durmak istiyorum. Mitolojilerde ve dinlerde geçen bu sembol bazen özel inisiyatik çalışmaların gerçekleştirildiği mabetleri ifade etmekle birlikte bazı efsanelerde ve kutsal metinlerde Agarta'nın sembolü olarak da kullanılmıştır. Yukarıdaki mağara sembolü Agarta'ya karşılık kullanılmıştır. Bu sembolün dinlerde de kullanıldığından sözettiğimize göre bir örnek vermeden geçmeyelim.

Mağara sembolünün kullanıldığı kutsal metinlerden biri de Kur'an-ı Kerim'dir.

Kur'an-ı Kerim'deki
Mağara sembolü ile ilgili ayetler

Yoksa sen, (sadece) Ashab-ı Kehf ve Ashab-ı Rakîm'i mi bizim ibret verici delillerimizden sandın? Hani o gençler mağaraya sığınmışlardı da, "Ey Rabbimiz! Bize katından bir rahmet ver ve içinde bulunduğumuz şu durumda bize kurtuluş ve doğruluğa ulaşmayı kolaylaştır" demişlerdi. Bunun üzerine biz de nice yıllar onların kulaklarını (dış dünyaya) kapattık. (Onları uyuttuk) Biz sana onların haberlerini gerçek olarak anlatıyoruz: Şüphesiz onlar Rablerine inanmış birkaç genç yiğitti. Biz de onların hidayetlerini artırmıştık.
(KEHF: 18/10,11,13)

Hidayetlerini artırdık denmekte ve bunun da mağarada gerçekleştiği anlatılmaktadır. Bu az önce söylemiş olduğumuz gibi inisiyatik bir eğitim demektir.

Uykuda oldukları halde sen onları uyanık sanırsın. Biz onları sağa sola çeviriyorduk. Köpekleri de mağaranın girişinde iki kolunu uzatmış (yatmakta idi.) Onları görseydin, mutlaka onlardan yüz çevirip kaçardın ve gördüklerin yüzünden için korku ile dolardı. Böylece biz, birbirlerine sorsunlar diye onları uyandırdık.

İçlerinden biri: "Ne kadar kaldınız"? dedi. (Bir kısmı) "Bir gün, ya da bir günden az", dediler. (Diğerleri de) şöyle dediler: "Ne kadar kaldığınızı Rabbiniz daha iyi bilir. Şimdi siz birinizi şu gümüş para ile kente gönderin de baksın; (şehir halkından) hangisinin yiyeceği daha temiz ve lezzetli ise ondan size bir rızık getirsin. Ayrıca, çok nazik davransın (da dikkat çekmesin) ve sizi hiçbir kimseye sakın sezdirmesin. Çünkü onlar sizi ele geçirirlerse ya taşlayarak öldürürler, yahut kendi dinlerine döndürürler. O zaman da bir daha asla kurtuluşa eremezsiniz."

(KEHF: 18/18-20)

Sure, son derece ilginç açıklamalarla devam eder... Surede anlatılanlardan öğrendiğimize göre, kimliği bilinmeyen bu kişiler daha sonra yöre halkınca fark edilmiş, ancak halk bu gizemli kişilerin kim olduklarını anlayamamıştır. Bu mağaranın hemen yanına bir mescid yapmak istemiş olmalarından da, bu kimliği bilinmeyen kişilerden o yıllarda bir hayli etkilenmiş olduklarını anlıyoruz:

> Böylece biz, (insanları) onların halinden haberdar ettik ki, Allah'ın va'dinin hak olduğunu ve kıyametin gerçekleşmesinde de hiçbir şüphe olmadığını bilsinler. Hani onlar (olayın mucizevi tarafını ve asıl hikmetini bırakmışlar da) aralarında onların durumunu tartışıyorlardı. (Bazıları), "Onların üstüne bir bina yapın, Rableri onların halini daha iyi bilir" dediler. Duruma hakim olanlar ise, "Üzerlerine mutlaka bir mescit yapacağız" dediler.
>
> (KEHF: 18/21)

Sure son derece önemli ezoterik sembollerle şöyle devam eder:

> (Ey Muhammed!) Bazıları bilmedikleri şey hakkında atıp tutarak: "Onlar üç kişidirler, dördüncüleri köpekleridir" diyecekler. Yine, "Beş kişidirler, altıncıları köpekleridir" diyecekler. Şöyle de diyecekler: "Yedi kişidirler, sekizincileri köpekleridir."
>
> (KEHF: 18/22)

"Köpek" ve **"Kurt"** sembolleri ezoterizmde **"Sirius"un** sembolleridir. Surede *"Mağara Ehli"* olarak ifade edilen bu kişilerin *"Sirius Kültürü"* ile yakından ilişkileri olduğu anlaşılmaktadır.

Sonrasında şöyle deniliyor:

De ki: "Onların sayısını Rabbim daha iyi bilir. Zaten onları pek az kimse bilir. O halde onlar hakkında (Kur'an'daki) apaçık tartışma (yı aktarmak) dan başka tartışmaya girme ve bunlar hakkında onlardan hiçbirine bir şey sorma.
(KEHF: 18/22)

Sureye adını veren Kehf sözcüğünün anlamı da mağara demektir. Ancak bunun nasıl bir mağara olduğu ayetlerde açık bir şekilde değil, ezoterik semboller kullanılarak üstü örtülerek anlatılmıştır.

Ayette, söz konusu mağaradaki kişiler hakkında Hz. Muhammed'e bazı bilgiler verildiği anlaşılıyor... Ancak Hz. Muhammed'in de bu konu hakkında hiçbir açıklama yapmaması ve bu konuda çevresine hiçbir bilgi aktarmaması gerektiği, görmüş olduğunuz gibi özellikle vurgulanmış ve Hz. Muhammed bu konuda uyarılmıştır. Bu ifadelerden de anlaşılmaktadır ki, bu konunun kesinlikle açık bir şekilde açıklanması istenmemiştir.

Surenin devamında bu gençlerin mağarada 309 yıl kaldıklarından söz edilmektedir. Ancak bu öyle ilginç bir şekilde söylenmektedir ki, gizemli bir olay anlatılırken bir başka gizemle bizi baş başa bırakmaktadır...

Rumi takvime göre 1 ay, insanlar tarafından iki dolunay arasındaki zaman veya Ay'ın Dünya etrafında döndüğü zaman olarak hesaplanırdı.

Buna göre 1 ay: 29 gün 12 saat ve 44 dakikaya eşitti. Buna *"Kameri ay"* denir. 12 Kameri ay ise Rumi takvime göre 1 yıl

eder. Ancak Dünya'nın Güneş etrafındaki dönüşünü tamamla-
masını 1 yıl olarak kabul ettiğimiz Miladi takvim ile Rumi tak-
vim arasında her yıl 11 günlük bir fark oluşur.

İşte surenin 25. ayetinde bu farka özellikle dikkat çekil-
miştir:

Onlar mağaralarında üç yüz yıl kaldılar. Buna dokuz
daha eklediler.
(KEHF: 18/25)

Ayette geçen zamanı şöyle açıklamak mümkündür:
300 yıl x 11 gün (her yıl için oluşan fark) = 3.300 gündür.

1 Güneş yılının 365 gün 5 saat 48 dakika ve 45.5 saniyeden
oluştuğu dikkate alınırsa, 3.300 gün/365.24 gün = 9 yıl'dır.
Miladi takvime göre 300 yıl, Rumi takvime göre 300+9 yıldır.
Görüldüğü gibi ayette bu 9 yıllık farka özellikle dikkat çekil-
miştir.

Biz Kurt ile ilgili örneklerimize devam edelim...

Gök–Türkler'in Kurt'tan Türeyiş Efsanesi

Gök–Türkler'in "Kurttan Türeyiş Efsanesi"; Türk Mitoloji-
si'nin önemli bir bölümünü oluşturur.

Türk Mitolojisi'nde genel olarak: *"Bir millet düşmanları ta-
rafından yok edilir ve geriye yalnızca bir çocuk kalırdı."* Türk özel-
liği taşıyan pek çok efsanede aşağı yukarı bu motifi bulmak
mümkündür. Bu yokoluş, yaşanılan büyük trajedinin anısın-
dan başka bir şey değildir. Bu büyük trajedi Mu'nun batışıyla
ilgilidir.

Sadece tek bir çocuğun kalması bir devrenin bitip yeni bir
devrenin başlangıcının sembolüdür. Artık yeni bir nesil yeni
bir çağ başlamaktadır. Bu yeni başlayacak olan çağın adı ezo-
terizmde *"Demir Çağ"* olarak tanımlanır. Biten devir ise *"Altın
Çağ"*dır.

Mete'nin Hun Devleti, tarihe karışmıştı,
Fakat büyük milleti tarihle yarışmıştı.

Bir soyu sayılırdı, Gök-Türkler de Hunlar'ın,
Adları anılırdı, bu büyük budunların.

Gök-Türkler müstakilmiş, düşmanları hiç yokmuş,
İnsanları gamsızmış, malları da pek çokmuş.

Komşu bir millet varmış, Türkleri ezip almış,
Bir kişi bırakmamış, küçük bir çocuk kalmış.

Çocuğa acımışlar, henüz on yaşındaymış,
Bataklığa atmışlar, aklı da başındaymış.

Boşalmışmış kursağı, acıkmış, ezilmişmiş,
Ama bir kurt türemiş, ağzında et getirmiş,
Sürünerek yürümüş, eti ona yedirmiş.

Bataklık, bu ve diğer efsanelerde de kullanılan ortak bir semboldür. Yaşanan büyük trajedinin ardından kıtaların büyük bir bölümünün sular altında kalmasını anlatır. Bataklıktan kurtulmak ise, yeni başlayacak devri anlatır. Bu başlayacak devrin Demir Çağ olacağı, az sonra göreceğimiz gibi demirci bir ulusun oluştuğu sembolüyle dile getirilmiştir.

Zamanla evlenmişler, etlerle beslenmişler,
Kurt bir gün gebe kalmış, uluyup seslenmişler.

Oğlan yaşıyor diye, düşmanlar korkakalmış,
Taşıyor kurtlar diye, insanlar şaşakalmış.

Düşman ordu göndermiş, oğlanı bulun demiş,
"Fakat kutsal bir kurt var, uyanık olun!" demiş.

Kurt anlamış, kutsalmış, oğlanı hemen almış,
Turfan'ın kuzeyinde, mağaralara dalmış.

Mağara çok derinmiş, içi de çok serinmiş,
Kurt şöyle bir gerinmiş, sonra da dibe inmiş.

Kurt gelmiş bir ovaya, ova geniş güzelmiş,
Ovanın etrafından, dağlar göğe yükselmiş.

Kurt konmuş bu ovaya, vatan demiş oraya,
On erkek çocuk doğmuş, kavuşmuş bir yuvaya.

Çocuklar beslenmişler, büyüyüp eğlenmişler,
Dışardan on kız almış, onlarla evlenmişler.

On çocuk, "On boy" olmuş, boylar da bir soy olmuş,
Türemiş çoğalmışlar, bu ova insan dolmuş.

Dağları eritmişler, Dünya'ya erişmişler,
"Demirci" olmuş kalmış, bu işe girişmişler.

Kurdun kutsal olduğu, dikkat ettiğiniz gibi özellikle efsanede vurgulanmış durumdadır. Buradan da bu kurdun bilinen bir kurt olmadığı açık bir şekilde anlaşılabilir.

Yeni oluşan devrenin geçmişin mükemmelliyetinden uzak daha geri bir dönemi kapsayacağı demir sembolüyle anlatılmıştır. Ezoterizmde *"Demir Çağ"* olarak ifade edilen yeni başlayan dönem burada anlatılmaktadır. Bu devrenin başlangıcında Agarta'nın da Siriusyen Kültür temsilcileriyle birlikte bu yaşananlara dahil oldukları, Kurt sembolünün yanında Mağara ve dağ sembollerinin birlikte kullanılışıyla anlatılmıştır.

Çin Tarihçileri'nin yazdıkları Gök-Türkler'in *"Kurttan Türeyiş Efsanesi"* burada bitiyor. Çinliler bundan sonra daha neler olduğunu açık olarak yazmıyorlar. Ancak daha sonra gelen Çin'deki Sui Sülalesi'nin (MS 570) tutulan tarihi kayıtlarında Gök-Türkler'in Kurt'tan Türeyiş Efsanesi ile ilgili bir başka efsaneye daha yer verilmiştir.

Bilindiği gibi Çin Tarihi kayıtları her bir sülele için ayrı ayrı tutulmuş ve kaydedilmiştir. Türk Mitolojisi'nin bize kadar ulaşan efsaneleri bu kayıtlardan derlenerek elde edilebilmiştir. Eski Türkler'in efsaneleri ile ilgili tutulan başka bir kayıt yoktur. Rusça'dan elde ettiğimiz kayıtların da birçoğu Çin kaynaklarından yapılan tercümelerdir.

Bahaddin Ögel az sonra aktaracağımız efsane ile ilgili kitabında şu notu düşmüştür:

> Bu sülale zamanında pek çok Çinli Türkler arasına kaçarak orada yaşamış ve pek çok Türk de Çin sınırlarına gelip yerleşmişlerdi. Bunları söylemekten maksadımız şudur: Artık bu sülale zamanında Çin, Türkleri iyiden iyiye öğrenebilmiştir. Bu sebeple bu sülalenin tarihinde geçen efsanelerin ayrı bir değeri vardır. (*)

Bu arada önemli bir noktaya dikkatlerinizi çekmek istiyorum. Bu efsanelerin Çin kaynaklarından bize kadar ulaştığını söylüyoruz ama bu efsaneleri Çinliler'in oluşturduğu sanılmasın. Bu efsaneler Türkler arasında o dönemlerde anlatılan mitolojik öykülerdir. Çinliler Türkler'den duyduklarını aktarmışlardır. Bu mitolojik öykülerin geleceğe bir mesaj ulaştırmaları için özellikle bilge rahiplerce ilk başta oluşturulduğunu da ayrıca bir kez daha hatırlatmak isterim.

(*) Türk Mitolojisi, Türk Tarih Kurumu, Bahaddin Ögel. Sy: 22.

Batı Denizi'nden gelen atalarımız

Sui Sulalesi tarafından tutulan tarihi kayıtlarda yer alan Türkler'in Kurt'tan Türeyiş Efsanesi, Türkler'in atalarının Batı Denizi'nin kıyılarından geldiğinden söz edilerek başlar. Bu çok önemli bir ayrıntı ve çok önemli bir ipucudur. Bizzat Mu kıtasındaki atalarımızın Tufan öncesi mekanlarını ifade etmektedir.

Göktürkler'in ilk ataları, Batı Denizi'nin kıyılarında oturuyorlardı. Lin adlı bir memleket tarafından, onların kadınları, erkekleri, çocuklarıyla birlikte hepsi birden yok edilmişlerdi.

Yalnızca bir çocuğa acımışlar ve onu öldürmekten vazgeçmişlerdi. Ancak onun da kol ve bacaklarını keserek kendisini "Büyük Bataklık"ın içindeki otların arasına atmışlardı.

"Kolların ve ayakların kesilmesi": İki ayağı üzerinde duramayan, elinden artık her iş gelemeyen insanlığın içinde yaşayacağı yeni devrenin özelliklerini gösteren ve pekiştiren sembollerdir. Ayakları üzerinde duramayacak olan yeni devrin, bilgiden uzak yaşayacaklarının bir başka ifadesidir. Wu-Sunlar'a ait Kurt'tan Türeyiş Efsanesi'nde de farklı ama yine anlam olarak benzer bir tema kullanılarak, çocuk çöle bırakılmıştır. Suyun ezoterizmde bilginin sembolü olduğu hatırlanacak olursa kullanılan sembol daha iyi anlam kazanır. Ve yukarıdaki yorumumuzu destekleyen bir motife dönüşür.

Ve işte o yeni başlayacak devrenin hemen başında Kurt'un atalarımızla birlikte olduğunu efsanenin hemen devamında bir kez daha görüyoruz. Kurt'un kutsal ruhlarla ilişkisinin bulunduğu bile açıkça bakın nasıl anlatılmıştır:

Bu sırada dişi bir kurt peyda olmuş ve ona her gün yiye-

cekler getirmişti. Çocuk da bunları yemek suretiyle kendine gelmiş ve ölmemişti.

Bir zaman sonra çocukla kurt evlenmişler ve kurt da çocuktan hamile kalmıştı.

Türkler'in eski düşmanı Lin devleti, çocuğun hâlâ yaşadığını duyunca hemen adamlarını göndererek, hem çocuğu ve hem de kurdu öldürmelerini emretmişti.

Askerler kurdu öldürmek için geldikleri zaman kurt onların gelişlerinden daha önce haberdar olmuş ve kaçmıştı. Çünkü kurdun kutsal ruhlarla ilgisi vardı ve daha önce onlar vasıtasıyla haber almıştı.

Buradan kaçan kurt, Batı Denizi'nin doğusundaki bir dağa gitmişti. Bu dağ, Kao-ch'ang (Turfan)'ın kuzeybatısında bulunuyordu. Bu dağın altında çok derin bir mağara vardı.

Kurt buraya gelince, hemen bu mağaranın içine girmişti. Bu mağaranın ortasında, büyük bir ova vardı. Bu ova baştanbaşa ot ve çayırlıklarla kaplı idi. Ovanın çevresi de aşağı yukarı 300 kilometreden fazla idi.

Kurt burada on erkek çocuk doğurdu. Gök-Türk devletini kuran Aşina ailesi, bu çocukların birisinin soyundan geliyordu.

Göktürkler ile ilgili her iki efsane de konu olarak birbirlerinin aynıdır. Ama sizlerinde fark etmiş olduğu gibi ikinci efsanede birtakım ayrıntılara yer verilmiştir ki, bu ayrıntıların ardında çok önemli bilgiler bulunmaktadır.

Bunlardan biri de az önce söylemiş olduğum gibi atalarımızın Batı Denizi'nin kıyılarında oturduğunun anlatılmış olmasıdır. Asya Kıtası'nı gözümüzün önüne getirdiğimizde deniz kıtanın doğusunda yer almaktadır. Batısı kara parçalarından ibarettir. Ancak efsanede Batı Denizi'nden söz edilmektedir.

Atalarımızın gerek ırksal, gerekse de kültürel kökeni olan Mu Uygarlığı'nın bulunduğu kıtayı gözümüzün önünde canlandıracak olursak bu ilginç tanımlamanın nedeni çok daha kolay anlaşılacaktır.

Aşağıdaki haritada görmüş olduğunuz Mu'nun Batısı'ndaki deniz burada anlatılmak istenmektedir. Gerçekten de ezoterik bilgilere göre, Mu'dan yapılan göçleri incelediğimizde yukarıda geçen bu tanımlamanın önemi bir kez daha ortaya çıkmaktadır. Çünkü atalarımızın yaşadığı Orta Asya'daki bölgeye yapılan göçler buradan gerçekleştirilmiştir.

Tufan öncesinde Mu'dan yapılan göçler birkaç koldan gerçekleştirilmiştir. On farklı halktan oluşan Mulular, temelde 4 farklı ırka mensuptular. *On çocuk, "On boy" olmuş, boylar da bir soy olmuş, türemiş çoğalmışlar, bu ova insan dolmuş"* denmesinin de nedeni işte budur.

Baskın ırk *"beyaz ırk"*tı ancak *"siyah"*, *"sarı"* ve *"kızıla çalan kahverengi derili"* ırklar da vardı. Göçler sırasında her halk kendi grubuyla hareket etmiştir. Daha sonraları atalarımızı oluşturan Orta Asya'ya yapılan göç Mu'nun Uygurlar ismi verilen beyaz ırk tarafından gerçekleştirilmiştir.

Mu'nun beyaz ırkları arasında tenleri en açık renk olan ırktır. Diğer beyaz ırklar kısmen esmer ve siyah saçlıyken bu ırkın tenleri çok beyaz, gözleri mavi, saçları da sarıydı.

Uygurlar kolu olarak isimlendirilen bu kol, Mu'nun en geniş göç hatlarından birini oluşturmuştur.

Orta Asya Kıtası'nın güneyinde yerleşen Nagalar'ın kurduğu yerleşim birimlerinin hemen kuzeyinde oluşturdukları büyük merkez, daha sonraları Uygur İmparatorluğu olarak isimlendirildi. Bu göç hattının kolları, aradan geçen uzun yıllar boyunca Orta Asya'dan bugünkü Moskova'nın bulunduğu Rusya topraklarından Batı Avrupa'ya kadar uzanmıştır. Bugün Avrupa'nın birçok bölgesinde hakim ırk olan Ariler, Uygurlar'ın torunlarıdır. Gerek James Churchward, gerek William Niven gerekse de diğer araştırmacılar; *"Ariler'in tarihi Uygurlar'ın tarihinin bir uzantısıdır"* diyerek bu konuyu dile getirmişlerdir.

Avrupa'ya Uygurlar'ın haricinde farklı ırklar yoğun göçler düzenlemediği için Ari ırkı Avrupa'da günümüze dek daha etkin ırk olma özelliği göstermiştir.. Ancak aynı şeyi Anadolu ve Asya kıtası için için söylemek mümkün değildir. Bu bölgelerde farklı ırklar birbirleriyle karışmış ve ortaya çeşitli melez ırklar çıkmıştır.

Gelelim bu göçlerden binlerce yıl sonra ortaya çıkan Uygur Devleti'ne... MS 700'lü yıllarda ortaya çıkan ve Uygur Türkleri olarak isimlendirilen devletin bu isimle anılması tesadüf değildi.

Günümüzde Uygur isminin asıl anlamı tam olarak bilinmemektedir. Uygur adı Türkçe kaynaklarda, ilk kez Orhun Yazıtları'nda MS 716 yılındaki bir olayı anlatılırken geçer. Kaşgarlı Mahmut'a göre Uygur ismi *"kendi kendine yeten"* anlamına gelir.

Ancak 700'lü yıllarda ortaya çıkan Uygur Devleti'nin bu isimle anılmasının ana nedeni hemen hemen tüm tarihçilerin birleştiği gibi; bunun eskilere ait bir kabile ve yine eskilere ait yöresel bir isim olmasından kaynaklanmıştır. Yani kökleri onbinlerce yıl öncesine dayanan bir kabile ve yöreye... Yani Mu Kıtası'na...

Uygurlar'dan en geniş bahseden kaynakların başında yine Çin Kaynakları gelir. Çin kaynaklarının hemen hepsi, Uygurlar'ın Kök Türkler gibi Hunlar'ın neslinden geldiğini söyler. Bu oldukça önemli bir tespittir. Demek ki, Hunlular ile Uygurlar arasında bir devamlılık söz konusudur. Kaldı ki zaten Uygurlar'ın Türk boylarından biri olduğu kesin olarak bilinmektedir.

Bir diğer önemli nokta da, Çin Kayıtları'nda Uygurlar'ın fiziksel yapılarının tanımlanmasıdır:

"Bembeyaz tenli, güzel mavi gözlü, sapsarı altın saçlı..."

Çinliler 15.000 - 20.000 yıl önceki Uygurları tarif etmiş sanki...

Atalarımızın yoldaşı Gök–Kurt

Neyse.. biz gelelim yine asıl üzerinde durduğumuz Kurt meselesine...

Aktarmış olduğumuz ikinci kaynak Türkler'i daha iyi tanıyordu. Aynı efsanenin her iki kaynakta da bulunuşu, böyle bir efsanenin varolduğunu ve Türkler arasında yaygın bir şekilde söylenmekte olduğunun gösteren en kuvvetli delildir. Çünkü bu kaynaklar birbirlerini takip eden iki ayrı sülalenin tarihleri yazılırken kaleme alınmışlardır.

Sülaleler kendi tarihlerini yazarlarken kendi düşmanları olan Türkler ile ilgili bilgi vermek ve nasıl bir düşmana sahip olduklarını anlatmak için bunları kaleme almışlardı. Karşılarında öyle bir düşman vardı ki, kökleri kurttan geliyordu!...

Çin Kayıtları bize şunu açık olarak göstermektedir ki, Gök-Türkler arasında bu efsaneler söyleniliyor ve bunlara samimi olarak inanılıyordu. Nitekim aynı kaynaklar bu konuyla ilgili şöyle bir ilavede bulunmuşlardı:

Onların kurttan türemiş olmaları sebebi ile, bayraklarının tepesinde de bir kurt başı vardı.

Verdiğimiz örneklerden de görüleceği üzere Eski Türkler kurdu bazen soylarının kökeninde, bazen de Tanrı'yla insan arasında görmüşlerdir. Hatta kurdu, Tanrı'nın yeryüzündeki şekli olarak bile ifade eden metinlere de rastlamaktayız... Türk Kültürü'nde kurdu, Tanrı'nın bir elçisi gibi de gören anlayışın oldukça hakim olduğu bilinmektedir.

Mitolojiler üzerine yaptığı araştırmalardan kendisini tanıdığımız Bahaddin Ögel, *"Türk Mitolojisi"* adlı kitabında her ne kadar *"Kurt"*un neyi simgelediğini açıklamadan bırakmışsa da, yine de *"Kurt"*la ilgili ortada yanlış yorumların dolaştığına şu dizelerle dikkatleri çekmiştir:

Biz yanlış olarak Türkler'in "Gök-Börü" yani "Gök-Kurt" dedikleri kutsal kurda "Bozkurt" adını veregelmişiz. Aslında "Gök" ile "Boz" arasında büyük ayrılık vardır. Türkler'in kutsal kurtlarının rengi gök idi. Çünkü o, Tanrı tarafından gönderilmiş bir elçiden başka bir şey değildi. Tanrı kurt şekline girerek, Türkler'e görünüyor ve onlara başarı yolu açıyordu. Onun için de, kurdun rengi "gömgök" idi. Daha sonraları Türkler, gök rengini olgunluk, ergenlik ve tecrübenin bir sembolü olarak görmüşlerdir. (*)

Çok eski bir Türkçe söz olan boz, beyazla siyah arası gri bir renktir. Külrengi olarak da tanımlanabilir. Bu renk Türkler'in kutsal saydıkları kurdun rengi değildir. Türkler'in efsanelerinde yer alan kurt *"Gök-Kurt"*tu.

Türkler bu kurda *"Kök-Börü"* diyorlardı. Günümüz Türkçesi'ndeki karşılığı *"Gök-Kurt"*tur. Gök burada mavi renge karşılık kullanılan bir anlama da sahipti. Nitekim Gök Tanrı Kültü ile bu çok açık ortaya çıkmaktadır. Gök rengi kutsal göğün ve Tanrı'nın da bir sembolü konumundaydı.

Bir şeyi gök rengine büründürmek Türk Kültürü'nde o şeye bir kutsiyet yüklemek anlamına geliyordu.

Bu nasıl bir kurtsa az sonra göreceğimiz gibi, Oğuz Kağan'a da yol gösteriyor, ona önderlik yapıyordu. **Demek ki Oğuz Kağan inisiyasyonunun da temeli Siriusyen kültüre ait bir sistemin parçasıydı.**

Oğuz Kağan ve Ergenekon gibi efsaneleri oluşturan atalarımız, ışık hâlesi içinde ortaya çıkan *"Gök Yeleli"*, ve *"Gök Tüylü"* erkek kurtla acaba binlerce yıl sonrasına nasıl bir mesaj ulaştırmak istemişlerdi?... Bilinen hiçbir hayvanın ışıklar içinde görünmesi mümkün olmadığına göre, bu ifadelerle anlatmaya çalıştıkları sır neydi?...

Bu sır sadece efsanelerde anlatılanları okuyarak çözülemez. Bu sırrı çözmek ve binlerce yıl önce kurt sembolüyle atalarımızın bizlere ne tür bir mesaj aktarmak istediklerini anlamak için, öncelikle diğer ulusların da kurtla ilgili efsanelerini incelemek ve ondan sonra kullanılan ortak motifleri ezoterik

---

(*) Bahaddin Ögel, *"Türk Mitolojisi"* I. Cilt. Sy: 49,50.

bilgilerle açığa çıkartmak gerekir. Aksi takdirde bu efsaneleri yüzlerce kez de okusak, ardındaki gerçeklere ulaşmamız mümkün olamaz. Nitekim, efsanelerle ilgili tercüme ve araştırma yapan birçok profesör ezoterik bilgilerle konuya yaklaşmadığı için kurt sembolünün Eski Türkler'de bir totem olarak kullanılmış olduğundan öte bir yorum yapamamıştır.

Oysa ki, efsanelerin o gizemli kurdu bir totem değil, efsanelerde kullanılan bir semboldü.

ERGENEKON EFSANESİ

Ergenekon Efsanesi'nin başı Gök-Türkler'in Kurt'tan Türeyiş Efsanesi'dir. Gök-Türkler'in Kurt'tan Türeyiş Efsanesi'nin birinci versiyonunda aslında neler olup bittiği çok kısa olarak özetlenmiştir. Bunu az önce aktarmıştık.

Birinci versiyonunda şöyle deniliyordu:

Kurt konmuş bu ovaya, vatan demiş oraya,
On erkek çocuk doğmuş, kavuşmuş bir yuvaya.

Çocuklar beslenmişler, büyüyüp eğlenmişler,
Dışardan on kız almış, onlarla evlenmişler.

On çocuk, "On boy" olmuş, boylar da bir soy olmuş,
Türemiş çoğalmışlar, bu ova insan dolmuş.

Dağları eritmişler, Dünya'ya erişmişler,
"Demirci" olmuş kalmış, bu işe girişmişler.

Bu anlatım Ergenekon Efsanesi'nin bir özeti gibidir.

İkinci versiyonunda ise dağlarla çevrili ovadan nasıl dışarı çıkıldığı açıklanmamıştır:

Kurt buraya gelince, hemen bu mağaranın içine girmişti. Bu mağaranın ortasında, büyük bir ova vardı. Bu ova baştanbaşa ot ve çayırlıklarla kaplı idi. Ovanın çevresi de aşağı yukarı 300 kilometreden fazla idi.

Kurt burada on erkek çocuk doğurdu. Gök-Türk devletini kuran Aşina ailesi, bu çocukların birisinin soyundan geliyordu.

Bundan sonrası Ergenekon Efsanesi'nde şöyle anlatılır:

Bir mağarada kurtla birlikte yaşayan çocuk büyüyünce kurtla birleşir. Bu birleşmeden doğan on erkek çocuk büyüyüp evlenerek bulundukları bölgeden çıkarlar ve akarsuların, ağaçların, hayvanların bol olduğu, sarp dağlarla çevrili bir bölgeye yerleşirler.

Dağın doruğu olan bu yere dağ kemeri anlamında *"Ergene"* kelimesiyle "dik" anlamındaki *"Kon"* kelimesini birleştirerek *"Ergenekon"* adı verdikleri bu bölgede 400 yıl kalarak çoğaldıkdan sonra, çevreye yayılmak isterler, ancak bir çıkış yolu bulamazlar.

Aradan 400 yıl geçer...

Dört yüz yıl sonra kendileri ve sürüleri o denli çoğaldı ki Ergenekon'a sığamaz oldular. Çare bulmak için kurultay topladılar. Dediler ki: "Atalarımızdan işittik; Ergenekon dışında geniş ülkeler, güzel yurtla varmış. Bizim yurdumuz da eskiden o yerlerde imiş. Dağların arasını araştırıp yol bulalım. Göçüp Ergenekon'dan çıkalım. Ergenekon dışında kim bize dost olursa biz de onunla dost olalım, kim bize düşman olursa biz de onunla düşman olalım.

Türkler, kurultayın bu kararı üzerine, Ergenekon'dan çıkmak için yol aradılar; bulamadılar. O zaman bir demirci dedi ki: "Bu dağda bir demir madeni var. Yalın kat demire benzer. Demirini eritsek, belki dağ bize geçit verir. Gidip demir madenini gördüler. Dağın geniş yerine bir kat odun, bir kat kömür dizdiler. Dağın altını, üstünü, yanını, yönünü odun-kömürle doldurdular. Yetmiş deriden yetmiş büyük körük yapıp, yetmiş yere koydular. Odun kömürü ateşleyip körüklediler. Tanrı'nın yardımıyla demir dağ kızdı, eridi, akıverdi. Bir yüklü deve çıkacak denli yol oldu.

Sonra gök yeleli bir Gök-Kurt çıktı ortaya; nereden geldiği bilinmeyen. Gök-Kurt geldi, Türk'ün önünde dikildi, durdu. Herkes anladı ki yolu o gösterecek. Bozkurt yürüdü; ardından da Türk milleti. Ve Türkler, Gök-Kurt'un önderliğinde, o kutsal yılın, kutsal ayının, kutsal gününde Ergenekon'dan çıktılar.

Gök-Türkler zamanına ait olan Ergenekon Efsanesi'nin aynısı Moğollar'da da vardır. Tema aynıdır. Tek fark isimlerdedir. Moğolların Ergenekon Efsanesi'nde savaşta yenilen Moğollar'dır. Türk Efsanesinde ise savaşta yenilen Türkler'dir. Ancak anlatılan aynı temadır. Tek eksik Moğollar'ın Ergenekon Efsanesi'nde Kurt'un olmayışıdır ki, bu en önemli eksik parçadır.

Ergenekon Efsanesi'nin en önemli kaynağı Reşideddin'in meşhur *"Câmi üt-Tevarih"* isimli eseridir. Reşideddin bu efsaneyi Moğollar'ın penceresinden aktarmıştır. Bu tercümeyi hangi kaynaktan yaptığı bilinmiyor ama anlattıkları arasında özellikle başlangıcında önemli bilgiler bulunmaktadır. Fakat belki de kendisine mantıksız geldiği için yaptığı tercümede kurda yer vermemiştir. Bu da efsanenin gerçek doğasının bozulmasına neden olmuştur.

Reşideddin *"Câmi üt-Tevarih"* isimli eserinde efsanenin

başlangıcını şöyle anlatır:

Bu kutsal kitabın girişinde de söylendiği gibi Moğol boyları, genel olarak Türk boylarının bir bölümüdür. Bu her iki kavmin de şekilleri ve dilleri birbirlerine benzer. Bunların hepsi de Nuh Peygamber'in oğlu olan Bulca-Han'ın soylarından türemişlerdir. Bulca-Han tüm Türk kavimlerinin atası idi.

Aradan birçok asırlar ve uzun zamanlar geçmiştir. Elbette ki bu uzun zaman içinde, olayların birçokları unutulmuştur. Türkler tarih olaylarını yazmamışlardı. Onların belirli ve eski bir tarihleri de yazılmış değildi. Onun için şimdi söylenen tarih olayları da, çok yakın zamanlarda söylenenlere ve nesilden nesile anlatılanlara göre öğrenilmiştir.

Bu boyların oturdukları yerler ve yurtları hep birbirlerine bitişiktir. Daha önce Moğol adı verilen bu boyların, aşağı yukarı 2.000 sene önce, Türk boyları ile araları açılmış ve birbirlerine düşman olmuşlardı. Bu düşmanlık, o kadar büyümüş ki ve inada dökülmüştü ki, birbirlerini ortadan kaldırmak için durmadan savaş ediyorlardı. Sözlerine inanılır, doğru sözlü ve bilgili kişilerin anlattıklarına göre Türk boyları, Moğollara karşı galip gelmişler ve onları öldürmüşlerdi.

Geriye sadece iki kadınla iki erkekten başka hiç kimse kalmamıştı. Bunlar da gelip bizi öldürürler diye, sarp ve kayalık bir yere kaçıp saklanmışlardı.

Bu saklandıkları yerin etrafı hep dağlar ve ormanlar ile örtülü imiş dimdik dağlarla çevrili olan bu yerin, girilip çıkılacak bir yerinden başka bir yeri de yokmuş. Bu geçitten bile bin bir güçlük ve zorlukla girilip çıkılıyormuş. Dağların orta yeri ise, dümdüz ve çayırlık bir ova imiş, bu ovanın adına da Ergenekon derlermiş.

Kurt evrensel bir semboldür

Kurt'un kutsal sayılması sadece Türkler'e özgü değildir. Örneğin, Roma Mitolojisi ve Mısır Mitolojisi *"kurt"* ya da kurda çok benzeyen *"dik kulaklı siyah köpek"* sembolleriyle, aynı temaları kendi üslupları içinde işlemişlerdir. Dünya üzerinde birçok toplumda kurt sembolünün karşımıza çıkması onun evrensel bir sembol olduğunu gösterir.

Birçok toplumun inançlarında ve mitolojilerinde yer alan bu sembolün içinde gizlediği sırrın ne olduğunun ortaya çıkmasına, Afrika'nın ücra bir köşesinde yapılan etnolojik araştırmalar vesile olmuştur. Evet, birçok yerde kurt sembolüyle karşılaşılıyordu ama bu sembolle anlatılmak istenen gerçek, hiçbir yerde açık bir tarzda dile getirilmiyordu. Belli ki bu sırrın kolay anlaşılması istenmemişti...

Bu sırrın açık bir şekilde ifade edilmiş şekli ilk kez Afrika'daki bir kabilenin inisiyatik bilgilerinin içinde bulunmuştur. Bu kabilenin adı Dogonlar'dır...

Roma Mitolojisi'nde Romüs ve Romülüs kardeşleri emziren kurt.

Dogon Kabilesi'nde yaşatılan büyük sır

Dogonlar, Afrika'nın Mali Cumhuriyeti'ne bağlı olan ve günümüzde sayıları 300.000 civarında bulunan bir kabiledir. Afrika'nın ücra bir köşesinde, siyah kıtanın tarım ve hayvancılıkla uğraşan milyonlarca zencisi gibi sade bir yaşantı sürdüren, kendi hâlinde bir kabile olan Dogonlar, hiçbir teknolojik imkâna sahip değildir.

Çadırlarda yaşayan ve hiçbir teknolojik gelişmeden yararlanamayan bu kabileyi ilk araştırmak isteyenler; ilkellerin dünyasını, Avrupa'ya ve Amerika'ya tanıtmak için oraya gitmişlerdi... Evet... Bu ilkel kabile insanları nasıl yaşıyorlardı?... İlkellerin dünyasına gidip geçmişe bir yolculuk yapalım diyerek bazı araştırmacılar balta girmemiş ormanların derinliklerine dalmışlardı... Bu amaçla yola çıkılmıştı ama kendilerini orada hiç akıllarına bile getiremeyecekleri ve insanın tüylerini ürperten birtakım şeyler bekliyordu... Orada karşılaştıkları şeyleri, birçok bilim adamı günümüzde hâlâ açıklayamamaktadır!...

Oraya giden araştırmacılar ilk olarak onların mitolojik bilgilerini incelediler. Ve her şey ondan sonra başladı...

Çadırlar içinde yaşayan ve avcılıkla beslenen bu ilkel insanlar, Dünya gezegeninin hareketlerini, Güneş'in hareketini, Jüpiter'in uyduları olduğunu, Satürn'ün halkası olduğunu, Ay'da kraterler bulunduğunu bilmekteydiler...

Bunları nereden öğrendikleri sorulduğunda ise verdikleri cevap insanın kanını donduruyordu:

– *"...Atalarımızdan öğrendik..."*

Bu bilgileri teleskop gibi yüksek bir teknolojinin ürünü araç gereçler olmadan bilebilmek imkansızdır. Oysa Dogonlar ne teleskoba, ne de gözlem evine sahip değillerdi...

1930 yılında Fransız bilim adamları Prof. Marcel Griaule ve Prof. Germaine Dieterlen denetiminde çalışmalarına başlayan ekibin ilk incelemelerinin sonunda, Fransa Milli Eğitim Bakanlığı konuya el attı. Çalışmaların sürdürülmesi için Prof. Marcel Griaule ve Prof. Germaine Dieterlen'e her türlü desteğin verilmesine karar verildi.

Araştırmalar ilerledikçe konunun üzerindeki esrar perdesi de büyüyordu... Belli bir noktadan sonra araştırmacılar işin içinden çıkamaz bir hale geldiler... Dogonlar'ın evren bilgileri Güneş Sistemi'nin dışına taşıyordu. İşin içinde büyük bir sır vardı. Ve bu, bir çırpıda çözülebilecek gibi değildi. Nitekim araştırmalar yıllarca devam etti. Bu arada Prof. Marcel Griaule, Dogon rahiplerince inisiye edilmeye başlandı.

1956 yılına kadar devam eden bu çalışmalar sürekli olarak Fransa'ya raporlar halinde sunuldu. Ortaya çıkan gerçekler karşısında, bilim adamları ne diyeceklerini bilemez bir hale geldiler. Prof. Marcel Griaule ve Prof. Germaine Dieterlen'in elde ettikleri belgeler, Fransız Etnoloji Enstitüsü'nce 1965 yılında "Soluk Tilki" adlı bir kitapla yayınlanarak tüm kamuoyuna duyuruldu. Kitap geniş yankı uyandırdı.

Bilinen herhangi bir yazı dili kullanmayan Dogonlar, atalarından öğrendikleri sırları, kendilerine özgü sembolik şekillerle muhafaza etmişler ve bu sembollerin anlamlarını kuşaktan kuşağa sözel olarak aktarmışlardı.

Dogonlar'ın evren hakkındaki binlerce yıldır bildikleri bilgiler; bugünkü astronomi bilgilerimizle hemen hemen aynıydı. Örneğin 8.6 ışık yılı uzaklıkta bulunan Sirius Yıldızı'nın tek bir yıldızdan ibaret olmadığını, bir yıldız sistemi olduğunu, Akcüce olan bileşeni Sirius - B'nin çok ağır bir yıldız olduğunu, spiral galaksimizin dışında, başka spiral galaksilerin bulunduğunu da bilmekteydiler.

Şunu da unutmamak gerekir ki, Galaksiler'in spiralliği konusundaki ilk bilimsel kanıt, Mont-Wilson gözlemevinden Astronom Hubble tarafından 2.5 m'lik bir teleskopla Andromeda Galaksisi'nin fotoğrafının çekilmesiyle ancak 1924'de elde edilebilmişti...

Dogonların atalarıyla ilgili anlattıkları da bir hayli ilginçti...

Dogonlar, uzay gemisiyle inen mitolojik bir atalarının soylarından geldiklerini iddia ediyorlar ve bu uzaylı atalarının geldikleri yıldızın ismini de açıklıyorlardı: *"SİRİUS -B"*

Ve konunun en ilginç tarafı da, bu yıldızı mitolojik sembollerinde bir *"Kurt Başı"*yla sembolleştirmiş olmalarıydı...

Türkler'in, gökyüzünden gelerek bir ışık huzmesinin içinden çıkan *"Gök-Kurt"*u ataları olarak göstermeleriyle; Dogonlar'ın uzaydan geldiğini söyledikleri mitolojik atalarını yine aynı şekilde bir kurt olarak ifade etmeleri arasında büyük bir benzerliğin ve paralelliğin olduğu böylelikle ortaya çıkmış bulunuyordu...

Aslında *"kurt"* ya da *"dik kulaklı köpek - kurt"* karışımı semboller başka ulusların mitolojilerinde ve inisiyatik bilgilerinde de karşımıza çıkmaktaydı... Ancak hiçbirinde, bu sembolün *"Sirius Takımyıldızı"* ile ilintili olduğu, bu kadar açık bir şekilde dile getirilmemişti.

Ezoterik sembollerin evrensel niteliklerinden dolayı, farklı uluslarda geçen aynı sembollerden birini çözdüğümüzde, diğerini de çözmüş sayılacağımızı daha önce söylemiştik. Bu bilgiden hareketle; Dogonlar'da *"Kurt"* neyi ifade ediyorsa, *"Kurt"* sembolünün geçtiği diğer toplumların mitolojisinde de aynı şeyi ifade etmek durumundadır.

SİRİUSYEN KÜLTÜRLE İRTİBAT

*"Kurt"*un Sirius'u simgelediğini göz önünde bulundurarak, Türk Mitolojisi'nde geçen *"Kurt"* ile ilgili anlatımlara bakacak olursak; Orta Asya'da bir zamanlar yaşananlarla ilgili önemli ipuçlarını yakalayabildiğimizi görürüz.

Bu ipuçları bize şunları anlatmaktadır:

1– Sirius Takımyıldızı'na bağlı gezegenlerden belli bir görevle gelen *"Galaktik Varlıklar"*, dünyamızın çeşitli yörelerinde, o dönemde yaşayanlarla irtibata girmişlerdi.

2– Bunların arasında Türkler de bulunmaktadır.

3– Kurt'un Türk Mitolojisi'nde bazen anne, bazen de baba rolünde olması ise, başlıca iki önemli meseleyi dile getirmektedir:

Dişi Kurt'un bebeği emzirmesi: Siriusyen bilgilerle o kişilerin beslenmiş olmasını; Erkek Kurt'la dünya kızlarının evlenmesi ise:, *"Kozmik Varlıklarca"* bir zamanlar dünya üzerindeki bazı ırkların genetik bir aşılanma geçirdiğini ifade etmektedir ki, Atalarımızın her iki uygulamayla da karşılaştıklarını anlıyoruz.

Günümüz Astronomi Bilimi'nce, Sirius Yıldızı'nın bağlı bulunduğu takımyıldızına, gökyüzündeki görünümünden dolayı *"Büyük Köpek Takımyıldızı"* adını vermiş olması da konunun bir başka ilginç yönüdür. Zaten sözünü ettiğimiz takımyıldızına baktığımızda gökyüzündeki kurda (ya da köpeğe) benzeyen şeklini rahatlıkla görebilmekteyiz.

Atalarımızın Sesine Kulak Verelim...

Son 50 yıl içinde dünyanın çeşitli ülkelerinde gerçekleştirilen çalışmalarda, başta Mısır olmak üzere eski devirlerde yaşamış olan toplumların mitolojilerinde, Siriusyen izlere rastlandığı tespit edilebilmişti. Ve bunlar yayınlanan çeşitli kitaplarla kamuoyuna duyuruldu. Ancak ne yazık ki, Eski Türk Mitolojisi'nden bu araştırmacıların hemen hemen hiçbiri yararlanmamıştır. Ve aktardıkları bulgular arasına Türk Mitolojisi'ndeki sembollere yer vermemişlerdir. Roma Mitolojisi'ndeki, Kurdun emzirdiği Romüs ve Rumülüs kardeşlerin Siriusyen kültürle temasa geçen insanları sembolize ettiğinden bazı yabancı kaynaklı kitaplar bahsederken, bu konuyla yakından ilintili olan Türkler'in "Kurt'tan Türeyiş Efsaneleri"ne hiç atıfta bile bulunulmamıştır.

Oysaki Türkler'deki Kurt neyi ifade ediyorsa, Eski Mısır Mitolojisi'nde ölülerin kalbini tartan Köpek Başlı Tanrı Anubis de aynı şeyi ifade eder. Roma Mitolojisi'ndeki Romüs ve Rumülüs kardeşleri emziren kurt da...

Ulusların kendi kültür kökenlerini tanımada mitolojilerin yeri çok önemlidir. Ayrıca ulusların diğer dünya uluslarına kendilerini tanıtmada da mitolojilerin ayrı bir önemi vardır. Yunan Mitolojisi tüm dünyada tanınırken, aynı şeyi bir Türk Mitolojisi için ne yazık ki söyleyemiyoruz. Bunun da tek sebebi kendi mitolojimizle ilgili yeterli araştırmaların bizler tarafından yapılmamış olmasıdır.

Sırf bu nedenle 1996 yılında dünyaca tanınmış araştırmacı yazar Eric Von Daniken yurdumuza geldiğinde kendisine özellikle belki dikkatini çeker ve daha sonra kitaplarında yer verir düşüncesiyle, *"Türkler'in Kurt'tan Türeyiş Efsaneleri"* hakkında ne düşündüğünü Kanal D'ye program yaptığım yıllarda bir röportajda kendisine sormuştum.

Ne yazık ki, kendisi daha önce bunu hiç duymadığını söylemişti... İşte o zaman, kendi kültürümüzü dışarıya ne kadar az anlatabildiğimizi daha iyi anlamıştım... Ve şunu da o zaman daha iyi anlamıştım ki, atalarımızın sesine yeterince kulak verip onların geleceğe iletmek istedikleri mesajlar nelerdir diye, önce kendimiz anlamaya çalışmamıştık ki, bunları dışarıya anlatabilelim...

Evet... Bunlar ayrı sorunlar... Biz konumuza dönelim...

Köpek Başlı İnsanlar

Eski Türk Mitolojisi'nde sadece kurt sembolü değil köpek sembolü de kullanılmıştır.

Türkler "Barak" derlerdi, Kara tüylü köpeğe,
Böyle ad verirlerdi, büyük soylu köpege,

Aslında efsaneler, bir köpek anarlardı.
Onu da köpeklerin, atası sayarlardı.

Bu köpek soylu idi, çok büyük boylu idi,

Av, çoban köpekleri, hep onun oğlu idi.

Kuzey-Batı Asya'da, İt-Barak" vardı,
Türklerse İç Asya'da, onlara uzaklardı.

Efsane sözünü ettiği "İt-Baraklar"ı şöyle tanımlar:
Başları köpek imiş, vücutları insanmış,
Kadınları güzelmiş, Türkler'den kaçmazmış,
İlaç sürünürlermiş, ok mızrak batmazmış.

Köpek başlı insanlara; başta Mısır, Yunan ve Hint olmak üzere gerek Mezopotamya, gerekse de Avrupa Mitolojileri'nde sıklıkla rastlanır. Her ne kadar Türkler köpeğe değil de kurda önem vermişlerse de, yine de bu sembol, Türk Mitolojisi'ni oluşturan çeşitli efsanelerde dile getirilmiştir.

Burada bir çelişki yoktur. Çünkü tüm dünya mitolojilerinde *"Sirisyen Kültür"*ü ifade etmek için kullanılan sembol bazen kurt bazen de dik kulaklı siyah bir kurt köpeği tarzında olmuştur. Yani her iki sembol de, temelde aynı anlamda kullanılmıştır.

Nitekim bazı Türk Efsaneleri'nde köpek başlı insanlar yerine kurt başlı insanlar tanımlamalarıyla da sıklıkla karşılaşılır. Örneğin; Doğu Gök-Türk Devleti'nin önemli bir bölümünü meydana getiren Tarduş Türkleri'nin ataları da, Başı "Kurt" ve vücudu "İnsan" olan bir varlıktı. Aynı Eski Mısır Mitolojisi'ndeki Anubis gibi...

Türk Mitolojisi'nde geçen köpek başlı ya da kurt başlı insanlar ilginç bir tanımlamadır. Bunu biraz açmamız gerekecek... Dikkat ederseniz tamamı *"köpek"* ya da *"kurt"* değil *"yarı kurt"* ya da *"yarı köpek."* **Yani melez bir ırk...** Daha açık söyleyecek olursak ne Siriusyen varlıklar ne, de dünyasal... İkisinin ortası tarif edilmeye çalışılmış gibi görünüyor...

Bu melez ırkın kimler olabileceği sorusuna gelince...
Buna kesin ve net bir cevap verebilmek o kadar kolay de-

ğil. Çünkü bu tür bilgiler, ezoterik kaynaklarca son derece gizli tutulmuş ve günümüze kadar sadece çok azı gelebilmiştir. O devirlerde açıklanması istenmeyen *"gizli bilgiler"* pek fazla kağıda dökülmez ve gelecek kuşaklara açık bir şekilde aktarılmazdı. Ancak yine de mitolojik semboller ve hikayeleştirilmiş metinlerle günümüze kadar gelebilen bu tür gizli tutulan sırların neleri ifade ettiğini, bazı sembolleri çözebildiğimiz takdirde kısmen de olsa anlayabilmemiz mümkün olabilmektedir.

"Kurt" veya *"Köpek Sembolü"*yle neyin ima edildiğini az önce çözmüştük. Şimdi geriye kalan *"Köpek"* ya da *"Kurt"* başlı insanların kimler olduğu sorusuna cevap bulmak.

"Kurt" ya da *"Köpek Başlı İnsanlar"*ın kesin olarak kimler olduğunu ya da bu sembolle neyin anlatılmak istendiğini az önce de söylediğim gibi bir çırpıda söylemek oldukça zor.

Burada yapabileceğimiz sadece olasılıkları sıralamaktan ibarettir. Biz de öyle yapalım ve olasılıkları önem sırasına göre maddeler hâlinde sıralayalım:

1– Siriusyen varlıklarca o yörede genetik olarak aşılanan melez bir ırkın mitolojik üslupla anlatımı.

2– Siriusyen Kültürle Tufan Öncesi'nde temasa geçmiş olan ve daha sonra bizim kıtalarımıza göçeden Mu ve Atlantisli bilge rahipler. (Naacaller)

3– Herhangi bir genetik aşılanmaya alınmamış, sadece Siriusyen Kültürle temasa geçmiş ve onların bilgileriyle donatılmış kişiler. Yani inisiye edilmiş rahipler.

Sıralamış olduğumuz bu maddelerden hangisinin bu sembolün gerçek yorumunu verdiğini belki de hiçbir zaman bilemeyeceğiz... Ama şunu biliyoruz ki, bu yorumların hepsinde Siriusyen Kültür'ün izleri bulunmaktadır.

Kuzey ve Doğu Türkleri'nin inançlarında köpek başlı bir ulus bulunduğuna dair çokyaygın efsaneler vardır. Başkurtlar ve Sibirya Türkleri'nde bu efsaneleri bilmeyen yoktur.

Kökeni çok eski devirlere dayandığı anlaşılan bu efsaneleri ilginç kılan bir diğer gelişme de, 13. yüzyılda resmi tarihi kayıtlarda aynen efsanelerde anlatılan köpek başlı insanlara rastlandığından söz edilmesidir:

1245 yılında VI. Papa Innocent tarafından Moğolistan'a gönderilen Plano Karpini, tutuğu kayıtlarda Moğol seferlerinden bahsederken, Moğol Ordusu'nun Kuzey Moğolistan'da köpek başlı garip bir ulusa rastlamış olduklarını yazmıştır. Bu kayıtlar, halen esrarı çözülemeyen tarihi belgeler arasında bulunmaktadır.

MÖ IV. yüzyılın sonlarında yaşamış olan ünlü Yunan Gramerci ve Edebiyatçısı Rodoslu Simmiy sanki bütün bu anlatılanlara şahitlik edermişcesine şöyle yazıyordu:

Adamlarının yarısı köpek olan garip bir kavim gördüm. Güzel omuzlarında çeneleri kuvvetli olan köpek kafası taşırlar.

"Bunlar fanilerin dilinden anlamazlar" diyerek farklı bir lisan konuştuklarını da anlatan Simmiy'nin şahit olduğu bu kavmin kimler olduğu da hiçbir zaman anlaşılamamıştır.

Çin Tarihi Kayıtları'nda da konuyla ilgili satırlara rastlanmaktadır:

Han sülalesi hükümdarlarından Than-gen'in padişahlığının 5. yılında yani MS 506 yılında Phu-an ülkesinden bir adam denizde sefer ederken rüzgarın sürüklemesiyle bir adaya düşmüş. Sahile çıkarken Orta Çin halkına benzeyen adamlar görmüş. Fakat dillerini anlayamamış. Vücutları insan suretinde olmakla beraber, köpek kafalı idiler... (*)

(*) Hyacinth, Cilt: II, Sy: 53.

Burada gözleme dayanan bu ifadelerden kuşkusuz ki, genetik olarak yarı insan yarı kurt kafalı insanlar anlaşılmamalıdır. Büyük bir ihtimalle, başlarına kurt ya da dik kulaklı siyah köpek maskeleri geçirmiş ve muhtemelen bir tören ya da ayin sırasında yapılmış gözlemlerdir bunlar...

Konumuzu Batı kaynaklarında yer alan bir tanımlamayla noktalayalım:

Avrupalılar söz konusu edilen bu köpek başlı kavme *"Borus"* adını veriyorlar ve onların bugünkü Finlandiya ile Rusya'nın Kuzey kısımlarında yaşadıklarını söylüyorlardı. Bu ta-

nımlama insanı hayrete düşürecek derecede Oğuz Kağan Efsanesi'ndeki *"İt-Baraklar"*ın yaşadığı bölgenin tanımlamasıyla paralellik gösterir.

Gerek Batılı Kaynaklar'da, gerekse de, Eski Çin Kaynakları'nda bu gizemli *"köpek başlı insanlardan"* benzer şekilde söz edilmiş olması konunun önemini daha da artırmıştır.

Ergenekon Efsanesi'ne geri dönelim...

ERGENEKON'DAN ÇIKIŞ

Ergenekon Efsanesi'nin başlangıcında çocuğu emziren Kurt daha sonra Ergenekon'dan çıkışta yine sahneye çıkmaktadır.

İçinde yaşamakta olduğumuz fakat artık sonlarına yaklaşmış olduğumuz çağın *"Demir Çağ"* olarak adlandırılması, Türk Mitolojisi'nde en canlı olarak Ergenekon Efsanesi'nde karşımıza çıkar.

Ergenekon Efsanesi'nin bir geleceğe yönelik anlattığı, bir de geçmişte yaşanan olaylarla ilgili verdiği bilgiler vardır. Biz şimdi geleceğe yönelik kısmı üzerinde duracağız...

Efsane, demirden meydana gelmiş büyük dağların, kurulan birçok körükle eritilmesinden ve bir *"kurt"*un yol göstericiliğiyle oradan çıkabilen insanların yaşadıklarını anlatır. **Bu çizilen motif, *"Demir Çağı"*nın bir gün sona ereceğini ifade eder. Eriyen demir dağ, *"Demir Çağı"*nın bitişinin sembolüdür. Eriyen demir dağdan insanların çıkışı sırasında *"Kurt"*un yol göstermesi ise, Siriusyen bilgilerin yeniden açıkça ortaya çıkışıyla, insanların yeniden mükemmeliyete doğru yükseleceklerini anlatan son derece gizli bir bilgidir.**

Siriusyen bilgiler şu an içinde yaşamakta olduğumuz devirde hep sembollere büründürülerek ve üstü birkaç kez bohçalanarak, örtülerek insanlara aktarılmıştır. Bu bilgiler hem dinsel metinlerde, hem de mitolojilerde günümüze kadar gelebilmiştir. Ancak bu bilgilerin herkesin anlayabileceği bir şekilde yani apaçık olarak insanlığa verileceği günlerde gelecektir ki, bu ezoterizmde uyanış günleri, dinsel metinlerde ise kıyamet günleri olarak anlatılmıştır.

İşte Ergenekon Efsanesi'nin bizlere anlattığı hikâyenin içinde bu konu mitolojik motiflerle anlatılmıştır.

Ergenekon'dan çıkış, Türk Mitolojisi'ne özgü çok önemli bir motiftir. Bu ikinci anlamı itibarıyla ele alındığında gelecekle ilgili bir kehanet özelliği de taşır. Bir taraftan içinde yaşadığımız devri, bir taraftan da bu devrin bitişinin nasıl olacağını mitolojik bir üslupla anlatır.

Türk Mitolojisi'nde, içinde farklı anlamları barındıran, farklı dağ sembolleri kullanılmıştır. *"Demir Dağ"*, bunlardan sadece biridir...

Türk Mitolojisi'nde geçen ünlü *"Demir Dağ"* ve *"Demir Dağ'ın eritilmesi"* sembolünün Kur'an-ı Kerim'de hemen hemen aynı şekilde dile getirilmiş olması, konunun bir diğer dikkat çekici yanıdır... Anlatım üslubunda bazı değişiklikler olsa da, anlatılan temada büyük bir paralellik bulunmaktadır:

Kur'an-ı Kerim'deki Ayetlerle örtüşen bir sembol

(Ey Muhammed!) Bir de sana Zülkarneyn hakkında soru soruyorlar. De ki: "Size ondan bir anı okuyacağım." Biz onu yeryüzünde kudret sahibi kıldık ve kendisine her konuda (amacına ulaşabileceği) bir yol verdik. O da (Batı'ya gitmek istedi ve) bir yol tuttu. Güneşin battığı yere varınca, onu siyah balçıklı bir su gözesinde batar (gibi) buldu.

Orada bir kavim gördü. "Ey Zülkarneyn! Ya (onları) cezalandırırsın ya da haklarında iyilik yolunu tutarsın" dedik. Zülkarneyn, "Her kim zulmederse, biz onu cezalandıracağız. Sonra o Rabbine döndürülür. O da kendisini görülmedik bir azaba uğratır" dedi. "Her kim de iman eder ve salih amel işlerse ona mükafat olarak daha güzeli var. (Üstelik) ona emrimizden kolay olanı söyleyeceğiz."

Sonra yine (doğuya doğru) bir yol tuttu. Güneşin doğduğu yere ulaşınca onu, kendileriyle güneş arasına örtü koymadığımız bir halk üzerine doğar buldu. İşte böyle. Şüphesiz biz onun yanındakileri ilmimizle kuşatmışızdır.

Sonra yine bir yol tuttu.

İki dağ arasına ulaşınca, bunların önünde, neredeyse hiçbir sözü anlamayan bir halk buldu. Dediler ki: "Ey Zülkarneyn! Ye'cüc ve Me'cüc (adlı kavimler) yeryüzünde bozgunculuk yapmaktadırlar. Onlarla bizim aramıza bir engel yapman karşılığında sana bir vergi verelim mi?" Zülkarneyn, "Rabbimin bana verdiği (imkan ve kudret, sizin vereceğiniz vergiden) daha hayırlıdır. şimdi siz bana gücünüzle yardım edin de, sizinle onların arasına sağlam bir engel yapayım" dedi.

"Bana (yeterince) demir madeni getirin" dedi. İki yamacın arasındaki boşluğu (dağlarla) bir hizaya getirince "körükleyin!" dedi. Demiri eritip kor (gibi) yapınca da, "Bana erimiş bakır getirin, bunun üzerine boşaltayım" dedi. Artık onu ne aşabildiler, ne de delebildiler. Zülkarneyn, "Bu, Rabbimin bir rahmetidir. Rabbimin vaadi (kıyametin kopma vakti) gelince onu yerle bir eder. Rabbimin vaadi gerçektir" dedi. O gün biz onları bırakırız, dalga dalga birbirlerine karışırlar. Sonra sûra üfürülür de onları toptan bir araya getiririz.

(KEHF SURESİ: 18/83-99)

*"Demir Dağ"*ın eritilmesi, Türk Mitolojisi'nde olduğu gibi Kur'an-ı Kerim'de *"Demir Çağı"*nın bitişini müjdeler. Yani kıyameti (uyanışı - aydınlanmayı) ve buna bağlı olarak da yeni bir devrenin başlayacağını... Yeni başlayacak devre bir zama-

nar dünya üzerinde yaşanan *"Altın Çağ"*a tekrar geri dönüştür. Böylelikle insanlık bir zamanlar kaybettiği mükemmelliyete yeniden geri dönecektir. Dinlerin bir hedef ve mükafat olarak gösterdikleri cennet işte budur. Ezoterizme göre cennete girmek *"Altın Çağ"*a girmek demektir.

Demir Sembolü

Türkler demire *"Kök Demir"* yani *"Gök Demir"* derlerdi. Bunun nedeni Türkler'de demirin kutsal sayılmış olmasıdır.

Kaşgarlı Mahmut'un sözlüğünde bu konuyla ilgili şu açıklamalara raslamaktayız:

Kök temür kerü turmas atasözünün manası gök demir boş durmaz demektir. Dokunduğu her şeyi yaralar anlamına gelir. Bu atasözünün ifade ettiği başka bir anlam daha vardır: Bazı Türk boylarının halkı bir şey üzerine and içtikleri veya sözleştikleri zaman, demire saygı göstermek için, kılıcı kınlarından çıkarırlar ve yanlamasına olarak önlerine koyarlardı. Bundan sonra da kılıç üzerine şöyle yemin ederlerdi: "Bu kök kirsün, kızıl çıksun" derlerdi. Bunun manası şu demektir: "Eğer sen sözünde durmazsan, bu gök renkteki kılıç, senin kanına bulanarak kızıl çıksın ve senden öcünü alsın. Çünkü Türkler demiri ulu ve kutsal sayarlardı.

Demir'in kutsallığı içine girilen çağa karşı olan saygıdan ötürüydü. Evet geçmişle mukayese edildiğinde çok kaba bir çağa girilecekti ama bu evrensel bir yasa olan iniş ve çıkış yasasının tabii bir sonucuydu. Bu evrenin adeta nefes alış ve verişiydi. Alınan kozmik nefesin verilmesi ve sonra yeniden nefesin alınması gerekmekteydi. Üzerinde güneşin batmadığı Mu Kıtası'nın sulara gömülmesinin de asıl nedeni buydu. Artık yeni bir çağın eşiğindeydiler...

Türkler'deki demir sembolünün içine girilen yeni çağı ifade ettiğini biliyoruz. Demir Çağ'ın zor bir dönemin başlangıcı olduğu o dönemlerde Mu rahiplerince biliniyordu. Artık hiçbir şey eskisi gibi olmayacak ve Mu kıtası batmadan önce son kez halkına seslenen Ra-Mu'nun dediği gibi eskinin küllerinden yeni bir nesil doğacaktı.

Bu nesil zor şartlarda yaşayacak, bilgiden uzaklaşacak ve karanlık bir çağ dünyayı saracaktı. Ancak bu çağdan kurtuluşun da bir gün geleceği sembolik bir dille Ergenekon Efsanesi'nde dile getirilerek, geleceğe ilişkin bir kehanet de bizlere aktarılmıştı.

Atalarımızın bizlere ilettiği bu emanet çok değerlidir. Bu emanet elimizdeki birçok ezoterik bilgiyle daha da değerli bir hâl almış durumdadır. Artık Ergenekon'dan çıkmamıza çok az bir süre kalmış bulunmaktadır.

Bir zamanlar atalarımızın söylediği gibi yine Gök-Kurt bu çıkış yolunu bizlere ve tüm insanlığa gösterecektir. Bir zamanlar atalarımızın diyarında yaşamış olan o Gök-Kurt Efsanesi'ni yakında çok daha iyi anlayacağız ve konunun ne denli önemli olduğunu çok daha iyi idrak edeceğiz...

ALTAY YARATILIŞ EFSANESİ

Eski Türk Mitolojisi'nin en orjinal izlerini, Altay dağları bölgesinde bulmak mümkündür.

Orta Asya ve Sibirya bölgelerinde söylenen Yaratılış efsaneleri içinde en kapsamlı ve en doğru olanı Altay Türkleri'ne ait efsanedir. Diğer Türk efsanelerinde olduğu gibi bu efsane de yurdumuzda Bahaddin Ögel tarafından Türkçe'ye çevrilerek bizlere sunulmuştur.

Bu efsaneler de Mu Kıtası'nın battığı dönemlerde Orta Asya içlerinde yerleşim birimleri kuran eski atalarımızın bizlere bıraktığı orjinal efsaneler değillerdir. Nesilden nesile akatırıla aktarıla kuşkusuz ki, değişime uğramışlardır.

Ancak bu hâlleriyle bile bir zamanlar atalarımızın neler yaşadıkları ve nasıl bir kültüre sahip oldukları ile ilgili çok önemli bilgiler hâlâ bu efsanelerin içinde yer almaktadır.

Tufan sonrasında yaşananlar

Şimdi sizlere Altaylılar arasında kuşaktan kuşağa aktarılarak gelen ve günümüzde Altay Yaratılış Efsanesi olarak bilinen mitolojik metni aktaracağım.

Az sonra sizlerin de göreceği gibi bu efsane her ne kadar yaratılış efsanesi olarak adlandırılmışsa da, aslında bu insanlığın ve yeryüzünün yoktan yaratılış hikâyesi değil, bir zamanlar dünya üzerinde yaşanmış olan Altın Çağ'ın ve sonrasında dünyanın geçirdiği büyük tufandan sonra ayakta kalmaya çalışan eski atalarımızın varolma çabalarının hikayesidir...

Önce efsaneyi görelim, sonra bu konunun ayrıntılarına geri döneceğiz.

Dünya bir deniz idi, ne gök vardı, ne bir yer,
Uçsuz bucaksız, sonsuz, sular içreydi her yer.

Tanrı Ülgen uçuyor, yoktu bir yer konacak,
Uçuyor, arıyordu, bir katı yer, bir bucak.

Kutsal bir ilham ile nasılsa gönlü doldu,
Kayıptan gelen bir ses, ona bir çare buldu.

Tanrı uçar dururdu, insan oğluysa tekti,
O'da uçar, uçardı, sanki Tanrıyla eşti.

Uçar, hep uçarlardı, yer yoktu konmazlardı,
Tanrı idiler çünkü, ondan yorulmazlardı.

İnsanların Tanrılar'la birlikte yaşadıkları bir dönemden ezoterizmde de bahsedilir ve bu döneme *"Altın Çağ"* adı verilir. Bu, dünya üzerinde yaşanmış bir dönemdir. Daha sora bu mükemmelliyetten insanlık uzaklaşmış ve onbinlerce yıl süren bir süreçten sonra adına *"Demir Çağ"* denilen bizim şu an içinde yaşadığımız devre kadar gelinmiştir. Bu ezoterizmde *"aşağıya iniş süreci"* olarak nitelendirilmiş bir süreçtir. Az sonra göreceğimiz gibi insanlığın kökeni denildiği zaman mitolojik ve dinsel metinler hep bir zamanlar insanlığın içinde bulunduğu bir mükemmelliyet döneminden bahsederler.

Bu mükemmelliyet devrini mitolojiler insanların Tanrılar'la birlikte yaşadığı dönem, dinsel metinler ise cennet hayatı olarak nitelendirmişlerdir.

"O'da uçar, uçardı, sanki Tanrıyla eşti" ve *"Tanrı idiler çünkü, ondan yorulmazlardı"* gibi sözlerle efsanede anlatılmak istenen bir zamanlar insanlığın içinde yaşadığı bu mükemmelliyet dö-

nemi yani Altın Çağ'dır.

Altay Türklerinin bu efsanesinde adı geçen Tanrı *"Ülgen"* yerle gök arasında, Gök Tanrı'nın bir elçisi olarak bulunuyordu. Bu nedenle Gök Tanrı'nın kutsal bir ilhamı, *"Ülgen"*in bütün varlığını sarmıştı. Çünkü o, dünyayı yaratmak için, Tanrı tarafından yeryüzüne gönderilmişti.

Efsane böyle söylüyor. Peki ama bu nasıl bir yaratılıştır?

Dünya'nın yaratılışı olmadığı ortada çünkü anlatılanlardan zaten o anda dünyanın bulunduğunu anlıyoruz. Ancak belli ki bir şey olmuş ve her yer sularla kaplanmıştı.

Dünya mitolojilerinin çoğunda, yaratılıştan önce bütün dünyanın sularla kaplı olduğu anlatılır. Türk Mitolojisi'nde de bu temayı görmekteyiz.

Türkler'in oturdukları İç Asya bölgeleri büyük denizlerden çok uzaklarda bulunuyordu. Çin, Hint, Yunan ve Roma Mitolojileri'nde böyle bir motif doğal olabilirdi. Çünkü büyük denizlere kıyıları olan bölgelerde bu tür mitolojilerin ortaya çıkması doğal karşılanabilirdi. Aynı şeyi Türkler için söylemek mümkün değildir. Ancak böyle olmakla birlikte dünyanın bir zamanlar sularla kaplı olduğu teması Türk Mitolojisi'nin de başlangıç motiflerinden biridir.

"Dünya bir deniz idi" ve *"Uçsuz bucaksız, sonsuz, sular içreydi her yer"* diyerek efsane bunu açık olarak ifade etmiştir?

Tanrılarla birlikte yaşanılan bu dönemde peki ne olmuştu?

Bunun cevabını bulabilmek için efsaneye devam edelim.

Yoktu Tanrı'nın hiçbir, işiyle düşüncesi,
İnsanoğlu'nun ise durmadı hiç çilesi.

Bir rüzgar çıkarmıştı, suları kaynatarak,
Tanrı'yı kızdırmıştı, yüzüne sıçratarak.

Sandı ki insanoğlu. bununla bütün oldum,

Ben çok güçlendim artık, Tanrı'dan üstün oldum.

Ama nasıl olduysa, sulara kaydı birden.
Gömüldükçe gömüldü, denize daldı yerden.

"Tanrı'dan üstün oldum" gibi sözler tamamen mitolojik hikâyenin parçalarıdır. Asıl anlatılmak istenen meseleyi sembolleştirmek için kullanılan ögelerdir. Asıl anlatılmak istenen insanın o dönemler ne denli ileri bir düzeyde bulunduğudur. Bunun ezoterizmde insanların Tanrılar ile birlikte yaşadığı dönemler olarak ifade edildiğinden az önce bahsetmiştim.

Sonrasında o yaşanan büyük tufanla birlikte kıtanın okyanusun sularına gömülüşü tasvir edilmektedir.

Efsanenin devamında bazı insanların boğulduğu fakat bir neslin tamamen yokolmayıp büyük bir bölümünün kurulduğu ifade edilmekte:

Tanrıya yalvarmıştı, sularda boğulur iken,
"Kurtar beni, ey Tanrı", diye bağrır iken.

Tanrı insafa geldi, gitmedi üzerine,
Dedi: "Ey insanoğlu, çık suların yüzüne"

Tanrı'nın buyruğuyla, insanoğlu kurtuldu,
Gitti Tanrı yanına, orada uslu durdu.

Tanrı bir gün buyurdu: "Yaratılsın katı taş."
Denizlerin dibinden, nasılsa çıktı bir taş.

Taş birden yüzerken, geldi Tanrı önüne,
İnsanı da alarak, çıktı taşın üstüne.

Tanrı bir gün insana, şöyle bir buyruk verdi:

"İn suların dibine, bir toprak getir" dedi.

İnsan daldı sulara, aldı bir avuç toprak,
Sulardan çıkıp verdi, Tanrısına sunarak.

"Yaratılsın yer" dedi, Tanrı sulara saçtı,
Yeryüzü yaratıldı, denizler karalaştı.

İnsana şöyle dedi, Tanrı ona bakarak:
"Dal suların dibine, getir yine az toprak."

İnsan dedi: "Ben artık, bu defa da dalayım,
"Kendi payıma olsun, biraz toprak alayım."

Daldı sular dibine, bu düşünce üstüne,
Bir avuç toprakla, çıktı sular yüzüne.

Birini özü için, soktu kendi ağzına,
Birini de uzatıp, sundu Gök Tanrısı'na.

Kendi kendine dedi: "Dur, bunu saklayayım."
"Denizlere saçarak, payıma yer alayım."

Tanrı toprağı aldı, tutup sulara saçtı,
Tanrı'nın isteğiyle birden yer kalınlaştı.

İnsanın ağzındaki, gizlice saklı toprak,
Büyümeye başladı, boğazını sıkarak,

Tıkadı nefesini boğulur gibi oldu.
Ölür gibi olurken, etrafa koşa durdu.

Oh, Tanrı'dan kurtuldum, deyip düşünür iken,
Etrafına bakındı, Tanrı'yı hazır buldu.

Boğulmak üzereyken, başardı demesini:
"Ey Tanrı, gerçek Tanrı, ne olursun kurtar beni."

Tanrı kızıp söylendi: "Na yaptın sen, ne yaptın."
Saklayacağım diye, ağzına toprak attın"
Niçin böyle düşünce, yer alıyor aklında,"
"Toprağı nene gerek, saklarsın sen ağzında?"

İnsan dedi: Ey Tanrı, düşündüm ben payıma,"
"Yerim olsun diyerek, toprak aldım ağzıma."

Tanrı insanoğluna: "Tükür", diye bağırdı.
Tükürdü insanoğlu, tükürük yere dağıldı.

Yeryüzü dümdüz iken, kırışıp birden soldu,
Sanki bitti yerlerden, tepeler dağlar doldu.

Tanrı bu hale kızıp, insanoğluna döndü:
"Kötü düşüncen ile, şimdi günahkar oldun!"
"Bana kötülük için, kötü hislerle doldun!"

"Saklasın hep içinde, senin halkın da sana,"
"Onlar da öyle olsun, nasıl duydunsa bana!"

"Benim halkımın ise, düşünceleri hep arı,"
"Gözleri güneş görür, aydınlıktır ruhları."

"Gerçek Kurbustan diye, adlandırırlar beni,"
"Erlik, Şeytan diyerek, adlandırsınlar seni!"

"Benden suç saklayanlar, senin halkın olsunlar!"
"Günahkâr olanlarsa, senin malın olsunlar!"

"Senin suçundan kaçan, gelsin kul olsun bana,"
"Günahından gizlenin, gelip sığınsın bana!"

Efsanede önce yeryüzünü kaplayan sulardan sonrasında ise suların çekilmesiyle ortaya çıkan bazı kara parçaları bu şekilde hikayeleştirilerek anlatılmış ve dolaylı olarak yaşanılan büyük trajedi de bu satırların arasına gizlenerek ifade edilmiştir.

Efsanenin sonlarına doğru da, Demir Çağı'na hakim olacak olan negatif enerjilerin sembolik anlatımına yer verilmiştir. Bu anlatım Tanrısallıktan uzaklaşan ve ilâhi kökenini unutan insanlığın bundan sonraki dünya serüveninin özeti gibidir.

Günahkar olmak ifadesi Kur'an-ı Kerim'deki ayetlerde de geçer. Örneğin Adem ile Havva'nın yeryüzüne yollanışında bu günahkar olma sembolü kullanılmıştır.

CENNET'TEN KOVULUŞ

Bilindiği üzere insanlığın kökeni dendiğinde başta Kur'an-ı Kerim olmak üzere birçok dinsel metinde ve mitolojide hep cennet gösterilmiştir. Evet insan yeryüzüne cennetten gelmiştir ama bu geliş bir kovulma motifi içinde anlatılmıştır. Kovulma motifi yeni başlayacak devrenin eskisine oranla daha geri bir düzeyde bulunacağını ifade etmek içindir.

Aşağıda aktaracağım efsane insanlığın ezoterik kökeni ve cennetten kovuluşun ne anlama geldiğini açıklayan önemli bilgilerle doludur.

Konunun bir başka önemli yanı da benzer anlatımların kutsal metinlerde de kullanılmış olmasıdır. Özellikle Kur'an-ı Kerim ve Tevrat'ta anlatılanlarla çok büyük bir benzerlik gösterir.

Soy Ağacı

Nesillerin kökeni ile ilgili *"Soy Ağacı"* tanımlaması günümüzde de kullanılan bir semboldür. Bu tanımlamanın da kökeni Eski Türk Mitolojisi'ne dayanmaktadır.

Günlerden bir gün idi, Tanrı dolanıyordu,
Baktı bir ağaç gördü, göğe tırmanıyordu.

Garip bir ağaç idi, dalsız budaksız idi,
Tanrı bunu görünce kendine şöyle dedi:

"Çıplak kalmış bir ağaç, böyle dalsız budaksız,
"Zevk vermiyor gözlere, görünüşü pek tatsız."

Tanrı yine buyurdu: "Bitsin, dokuz dalı da."
Dallar da çıktı hemence, dokuzlu budağı da.
Kimse bilmez Tanrı'nın, düşüncesi ne idi.

Soylar türesin diye, şöylece emir verdi:
"Dokuz kişi kılınsın, dokuz dalın kökünden,"
"Dokuz oymak türesin, dokuz kişi özünden."

Ağaç mitolojilerde de kullanılan ezoterik bir semboldür. Toprağa kökleriyle sarılan, dallarıyla da gökyüzüne uzanan bu bitki yerle göğün evliliğinin yani vuslatın sembolüdür. Şuurlu insanların bir zamanlar yaşadığı o mükemmelliyet dönemini ifade eder. Ancak efsanedeki ağaç yapraksız olarak tanımlanmıştır. Bu da o mükemmelliyet döneminin artık sona ereceğini anlatmaktadır.

Dokuz daldan dokuz soyun türemesi daha önce söylemiş olduğumuz gibi Mu'dan gerçekleştirilen farklı göç yollarıyla ilintilidir.

Efsanede geçen Tanrı da bir semboldür. Kaadir-i Mutlak Yaradan'ı ifade etmez. Ezoterizmde insanların Tanrılarla birlikte yaşadıkları dönem olarak ifade edilen, Tanrısal - İlâhi bilgilerle yaşayan o mükemmelliyet döneminin genel özelliğini anlatmak için kullanılan bir semboldür.

Bir gün Erlik Tanrı'nın yanına konmuş idi,
Tanrı'nın karşısına, çöküp oturmuş idi.

Birçok gürültü geldi, Tanrı'nın sarayından,
Bu ne diyerek Erlik, ölmüştü merakından.

Bunu duyunca Erlik. hemen sordu Tanrı'ya:
"Nedir bu gürültüler, geliyor dışarıya?"

Tanrı dedi:
"Ne olsun, sen de hansın ben de Han."
"Onlar benim ulusum, benim erime bakan."

Şeytan bunu duyunca, birdenbire sevindi:
"Bu ulusu bana ver, ne olur Tanrı" dedi.

Şeytanın bu sözünden, Tanrı sezmişti işi,
"Hayır veremem sana" deyip, bitirdi işi.

Şeytan bunu duyunca, dalmış bir düşünceye,
Kendince pilân yapıp, başlamış hep hileye:

"Ne eder, eder elbet, ben bir yol düşünürüm."
"Tanrı'nın ulusunu, ben yerinde görürüm."

Varmış yola koyulmuş, uzun uzun yürümüş,
Yetmiş bir günde bulmuş ama çok şeyler görmüş,

Bakmış Tanrı'nın halkı, kimi insanlar gibi,
Kimi yaban hayvanı, kimi de kuşlar gibi.

Şeytan sormuş kendine: "Tanrı bütün bunları,
"Ne yaptı, nasıl aldı, almalıyım şunları,"

"Bu da benim isteğim, ne edip almalıyım."
"Bütün bu ulusları, ulusum yapmalıyım,"

Az sonra Tevrat ve Kur'an-ı Kerim'de de göreceğimiz gibi Şeytan'ın insanları kandırma ve yanıltma çabası, negatif enerjilerin bu devrede yoğunlaşacağını ve bir anlamda idareyi negatif enerjilerin alacağını mecazi olarak anlatmaktadır. Çünkü mitolojilerde ve dinsel metinlerde geçen ezoterik sembollerden biri olan *"Şeytan"*, negatif enerjilerin üretildiği ruhsal plânın dinsel terminolojideki adıdır.

Bu plân da ilâhi nizama bağlı bir plândır. Bu planda fonksiyon gören varlıkların geri düzeyli ve işi gücü kötülük düşünen varlıklardan oluştuğu zannedilmesin. Evrensel İdare Mekanizması'nın unsurlarından biridir ve özellikle bizim içinde bulunduğumuz devrede insanlığın aşağıya iniş sürecinde çok büyük bir fonksiyon görmüş bir plândır.

Hatta bu plan olmasaydı insanlığın aşağıya inişi gerçekleştirilemezdi diyebiliriz.Hayır ve Şer Allah'tandır denmesinin bir sebebini de bu açıklamaların içinde bulabilirsiniz.

Bu devre içinde yani bilgiden uzak, şuuru kapalı ve yoğun negatif enerjilerin içinde yaşayan insanların bu ağır şartlar içinde nasıl davranışlar sergileyeceği görülmek istenmiştir.

Kitaplarımda sürekli bahsettiğim gibi bu iniş ve çıkış yasasının çok iyi anlaşılması gerekir. Bu anlaşıldığı takdirde nereden gelip nereye gitmekte olduğumuz çok net bir şekilde anlaşılabilecektir. Evet... Şimdi bizi bekleyen süreç, yeniden çıkışa başlamaktır..

Neyse.. Konumuzu fazla dağıtmadan, biz yeniden efsanemize geri dönelim:

Ağacın yasaklanan meyvası

Kimi Böyle şöyleşen Şeytan, kendi kendine sorar:
"Ne yer, ne içerler, ne ile bunlar yaşar?"
Bakmış ki, halk toplanmış, bir ağacın yanında,
Meyva yer dururlar, ağacın tek dalında.

Yemiyormuş hiç kimse, karşıki dallarından,
Meyvayla dolu iken, geçmezmiş yanlarından.

Şeytan bunu görünce çok şaşırmış,
Bari sorayım, nedendir acaba demiş.

"Şimdi gördüm buradan, sizlere bir bakınca,"
"Niçin sizler yersiniz, şu dallardan yalnızca?"

Tanrı'nın ulusundan, biri de şöyle demiş:
"Bu dallardan yiyoruz, Tanrı bu emri verdi,"
"Biz onun kullarıyız, Tanrımız böyle dedi:"
"Tanrı bize dedi ki, görün şu dört budağı,"
"Yemeyin hiçbirinden, değdirmeyin dudağı."
"Dedi, gün doğusunda, beş dal uzanıyor ya,"
"Sizin aşınız olsun, uzanın bu meyvaya."
"Bunu diyen Tanrımız, çıkıp göklere gitti,"
"Bu ağacın dibine bir yılanı bekçi dikti."
"Eğer Şeytan gelirse, sok hemen Şeytanı."
"İşte ne yapalım biz, bu beş daldan yiyoruz,"
"Tanrı'nın emri böyle, buyruğa uyuyoruz."

Ağaç sembolünün göksel irtibatı yani göksel bilgilerle

yaşamanın sembolü olduğunu hatırlayacak olursak; efsanede sözü edilen bu ağacın meyvesinin de bilginin sembolü olduğu daha iyi anlaşılacaktır. Bu ağacın bazı meyvelerinden yenebileceğinden bahsedilmektedir. Özellikle bazılarının yenmesi ise yasaklanmıştır. Peki ama neden?.. Bunun cevabını yine efsanenin içinde bulmamız mümkün:

Şeytan bunu duyunca, ağaca doğru vardı,
Töründei adlı biri, halk içinde yaşardı.

Şeytan ona yaklaştı, kurnazca şöyle dedi:
"Tanrı size demiş ki, şu dallara uzanmayın."
"Sizin aklınız yok mu? Yalana inanmayın."
"Bu büyük yalandır, gerçekle ilgisi ne?"
"Dört daldan yenmez diye, kim demiş kendisine?"

Şeytan bunu söylerken, yılan uyuyor imiş,
Dışarıda olanları, sezip duymuyor imiş.

Şeytan girmiş yavaşça, ta yılanın içine,
Akıl vermiş yılana, ne uygunsa işine.

Demiş: "Yılan uyuma. Tırman da çık ağaca."
Yılan başlamış birden, tırmanmış ağaca.

Bu yasak meyvalardan, ilk defa yılan tatmış,
Şeytan'ın arzusuyla, kendini kötü yapmış.

Hani Töründei adlı, bir er kişi vardı ya,
Vurulmuştu gönülden, Eci adlı bir kıza.

Yasak meyva yer iken, bağırmış şöyle yılan:
Eci ile Töründei, siz de yeğin bunlardan.

Törüngei akıllıydı, dedi: "Yemem onlardan."
"Biz nasıl yeriz onu, yemek yasak bunları.
"Tanrı bize buyurdu, yemeyin ondan diye,"
"Ben ağzıma vuramam, sen bana versen bile."

Yılan bunu duyunca, olmayacak bu baktı,
Bir parça meyva alıp, Eci kıza uzattı.

Eci meyvadan alıp, yardı, ikiye böldü,
Meyvanın sularını, yavuklusuna sürdü.

Tüm bu çağlarda iken, insanlar tüylü imiş,
Bu meyvayı tadınca, tüyler dökülüvermiş.

Kalmışlar her ikisi de, tüysüz, donsuz, ap ayaz,
Utanmış, aramışlar, saklanacak yer biraz.

Hemen kaçmış birisi, bir ağacın ardına,
Öbürünün ise koşmuş, bir gölge yardımına.

Şeytan'ın müdahalesiyle insanların tüylerinin döküldüğünden söz edilmektedir. Bu Demir Çağ'ın özelliğini anlatan son derece önemli bir semboldür.

Türk Mitolojisi'nde çok sık karşımıza çıkan, eski devirlerde yaşayan insanların vücutlarının tüylerle kaplı olması, atalarımızın maymun olduğu anlamına gelmemektedir. İnisiyatik öğretileri ve ezoterizmi inceleyenlerin hemen hatırlayacağı gibi, "tüy" bütün geleneklerde "gerçeğin" sembolü olarak ele alınmıştır. Örneğin Mısır Mitolojisi'nde, ölen bir kimsenin ruhu, cennete gidebilmesi için Anubis tarafından bir sınavdan geçirilir. Ölen kişinin kalbi terazinin bir kefesine, bir tüy parçası ise diğer kefesine konarak Anubis tarafından tartılır. İşte bu mitolojik anlatımda da tüy sembolünün gerçekle eş değer anlamda kullanıldığı görülmektedir. Vicdanı sembolize eden kalbin tüyle tartılması, o kişinin yaşamı boyunca gerçeklerle karşılaştırıldığında, ne kadar vicdani bir şekilde hareket edip etmediğinin sembolik bir anlatımıdır.

Vicdani yaşamamak negatif enerjilerin daha fazla kullanıldığına işaret etmektedir. Bu da astral bedenin yoğun bir tortuyla kaplanması demektir. Dolayısıyla bu tartı astral bedenin de durumunu bildiren bir semboldür.

Tüyün gerçeğin sembolü olarak ele alındığını dikkate alırsak, Altay Efsanesi'ndeki yasaklanan meyveyi yedikten sonra Törüngey ile karısının tüylerinin dökülmesi de, artık gerçekleri kolaylıkla anlayamayacak bir şuur hâliyle yaşamaya başlayacak olan bizim devremiz insanının sembolü olduğunu rahatlıkla söyleyebiliriz.

Görüldüğü gibi yeni başlayacak devrin özelliği bile, insanlığa açık bir şekilde ifade edilmemiştir. Bunun bile üzeri örtülmüştür.

Bilinen en eski yılan sembolüdür. Mu'dan intikal etmiştir. Galaktik Uygarlıkları ve Evrensel İdare Mekanizması'nın yedili hiyerarşik yapısını ifade eder.

Tanrı çıkagelmiş, bakmış herkes dağılmış,
"Töründei... Töründei... Eci..." diye çağırmış.
"Neredesiniz?" diye de, Tanrı aramış yine,

İnsanlar cevap vermiş, bu soru üzerine:
"Biz ağaçlardayız ama gelemeyiz size biz."
Tanrı demiş: "Töründei, ne yaptınız böyle siz!"

Erkek demiş: "Ey Tanrı, benim yavuklum kandı,"
"Yasak olan meyvayı, dudaklarıma bandı!"

Tanrı dönmüş kadına, şöyle demiş Eci'ye:
"Ben neler duyuyorum, nedir yaptığın böyle?"

Kız da demiş: "Ey Tanrım, ben bakmadım meyveye,"
"Yılan söyledi bana, bu meyvayı ye diye!"

Tanrı yılana demiş:"Uymadın sen sözüme!"
Yılan boynunu bükmüş: "Şeytan girdi özüme."
"Bilemedim nasıl oldu, gittim Şeytan izine,"
Tanrı da şaşmış kalmış, Şeytan'ın hilesine?"

Tanrı demiş: "Ey yılan, Şeytan senin içine,"
"Nasıl oldu da girdi, uydun Şeytan işine!"

Yılan demiş: "Ey Tanrı, düşmedim ben peşine,
"Sende idi kulağım, hazırdım her sesine."
"Ben burada uyurken, Şeytan bana sokulmuş,"
"İçime girerken beni bu hâle koymuş!"

Tanrı dönmüş köpeğe: "Ey köpek sen ne yaptın?"
"Şeytan'ı tutmadın mı, neden uyuyup yattın?"

Köpek demiş: "Yemin ederim, Şeytan nedense benim,
"Gözüme görünmedi, nasıl onu göreyim?"

En çok kadına kızan, Tanrı şöyle demiş:
"Vefasızlık örneği, ey Eci adlı kadın!"
"Şeytan sözüne kandın, onun aşına bandın."
"Benim yeme dediğim, meyvayı alıp yedin"
"Üstelik eşine de, al da bunu ye dedin."

Tanrı erkeğe dönüp, ona da şöyle demiş:
"Sen de kadına uydun, tuttun Şeytan sözünü,
"Şeytan aşını yiğip, kaybettin sen özünü."

"Benimkini tutmadın, Şeytan sözünü tuttun,"
"Yerini bende değil, Şeytan yanında buldun."

"Bana bağlanmayan, ışığımla dolamaz."
"Benim sözümden çıkan, rahmetimi bulamaz."

"Senin yerin ben değil, karanlık yerler olsun,"
"Kalbin aydınlık değil, karanlıklarla dolsun."

"Eğer yemeseydin sen, Şeytan'ın bu aşını,"
"Benim sözümü tutup, çevirseydin başını."

"Olurdun eş arkadaş, Tanrı yanında er geç,
"Şimdi artık kendine, kendi öz yolunu seç."

"Sizler çocuk doğurun, türetin soyunuzu,"
"Dokuz kız, dokuz oğlan, türetsin boyunuzu."

"Ben payıma yaratmam, faydasız insanoğlu."

"Şeytan'ın arkadaşı, vefasız insanoğlu."
Şeytan'ın meyvasına kanan, sen insanoğlu."
Şeytan'ın duasını alan, sen insanoğlu."

Şeytan'ın aşından yemek ve onun duasını almak demek, o tesir plânının tesirlerine muhatap olmak, o tesirlerin etkisi altına girmek demektir. Az sonra bu konuya tekrar geri döneceğiz...

Aynı sembolik anlatım Tevrat'ta da yer almaktadır

Şimdi biz gelelim Tevrat'taki bu konuyla ilgili anlatılanlara. Çünkü ilginç bir şekilde Tevrat'ta da benzer anlatımlar vardır:

Rab Tanrı doğuda, Aden'de bir bahçe dikti. Yarattığı Adem'i oraya koydu. Bahçede iyi meyve veren türlü türlü güzel ağaç yetiştirdi. Bahçenin ortasında yaşam ağacıyla iyiyle kötüyü bilme ağacı vardı.

Aden'den bir ırmak doğuyor, bahçeyi sulayıp orada dört kola ayrılıyordu. RAB Tanrı Aden bahçesine bakması, onu işlemesi için Adem'i oraya koydu. Ona, "Bahçede istediğin ağacın meyvesini yiyebilirsin" diye buyurdu, "Ama iyiyle kötüyü bilme ağacından yeme. Çünkü ondan yediğin gün kesinlikle ölürsün."

RAB Tanrı Adem'e derin bir uyku verdi. Adem uyurken, RAB Tanrı onun kaburga kemiklerinden birini alıp yerini etle kapadı. Adem'den aldığı kaburga kemiğinden bir kadın Yaratarak onu Adem'e getirdi. Adem, "İşte, bu benim kemiklerimden alınmış kemik, Etimden alınmış ettir" dedi, "Ona 'Kadın denilecek. Çünkü o adamdan alındı."

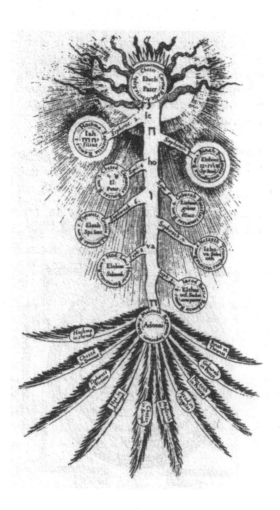

İbrani ezoterizminde geçen kökleri yukarıda olan bu ağaç sembolü göksel beslenmenin yani kozmik irtibat ve bilgilendirmenin sembolüdür.

Sembolün altındaki 10 adet tüy ise Mu'nun 10 halkını sembolize eder.

Adem de karısı da çıplaktılar, henüz utanç nedir bilmiyorlardı. RAB Tanrı'nın yarattığı yabanıl hayvanların en kurnazı yılandı. Yılan kadına, "Tanrı gerçekten, 'Bahçedeki ağaçların hiçbirinin meyvesini yemeyin' dedi mi?" diye sordu.

Kadın, "Bahçedeki ağaçların meyvelerinden yiyebiliriz" diye yanıtladı, "Ama Tanrı, 'Bahçenin ortasındaki ağacın meyvesini yemeyin, ona dokunmayın; yoksa ölürsünüz' dedi." Yılan, "Kesinlikle ölmezsiniz" dedi, "Çünkü Tanrı biliyor ki, o ağacın meyvesini yediğinizde gözleriniz açılacak, iyiyle kötüyü bilerek Tanrı gibi olacaksınız."

Kadın ağacın güzel, meyvesinin yemek için uygun ve bilgelik kazanmak için çekici olduğunu gördü. Meyveyi koparıp yedi. Yanındaki kocasına verdi, o da yedi. İkisinin de gözleri açıldı. Çıplak olduklarını anladılar. Bu yüzden incir yaprakları dikip kendilerine önlük yaptılar.

Derken, günün serinliğinde bahçede yürüyen RAB Tanrı'nın sesini duydular. O'ndan kaçıp ağaçların arasına gizlendiler.
RAB Tanrı Adem'e, "Neredesin?" diye seslendi. Adem, "Bahçede sesini duyunca korktum. Çünkü çıplaktım, bu yüzden gizlendim" dedi. RAB Tanrı, "Çıplak olduğunu sana kim söyledi?" diye sordu, "Sana meyvesini yeme dediğim ağaçtan mı yedin?"

Adem, "Yanıma koyduğun kadın ağacın meyvesini bana verdi, ben de yedim" diye yanıtladı.
RAB Tanrı kadına, "Nedir bu yaptığın?" diye sordu. Kadın, "Yılan beni aldattı, o yüzden yedim" diye karşılık verdi.

Rab Tanrı Adem'e, "Karının sözünü dinlediğin ve sana, Meyvesini yeme dediğim ağaçtan yediğin için Toprak senin yüzünden lanetlendi" dedi,
"Yaşam boyu emek vermeden yiyecek bulamayacaksın. Toprak sana diken ve çalı verecek, yaban otu yiyeceksin.

Toprağa dönünceye dek Ekmeğini alın teri dökerek kazanacaksın. Çünkü topraksın, topraktan yaratıldın ve yine toprağa döneceksin."

Adem karısına Havva adını verdi. Çünkü o bütün insanların annesiydi. RAB Tanrı Adem'le karısı için deriden giysiler yaptı, onları giydirdi.
Sonra, "Adem iyiyle kötüyü bilmekle bizlerden biri gibi oldu" dedi, "Artık yaşam ağacına uzanıp meyve almasına, yiyip ölümsüz olmasına izin verilmemeli."

Böylece RAB Tanrı, yaratılmış olduğu toprağı işlemek üzere Adem'i Aden bahçesinden çıkardı.
Onu kovdu. Yaşam ağacının yolunu denetlemek için de Aden bahçesinin doğusuna Keruvlar ve her yana dönen alevli bir kılıç yerleştirdi.
(TEVRAT, TEKVİN: Bab: 2/7-25 , Bab:3/1-24 arasından özetlenmiştir.)

Tevrat'ta Aden Bahçesi'nde bulunduğu söylenilen iki ağaçtan bahsedilmektedir:
"Yaşam Ağacı" ve *"İyiyle Kötüyü Bilme Ağacı"*...
Kullanılan bu sembolik dil, Türk Mitolojisi'nde kullanılan ağaç sembolüyle büyük bir benzerlik gösterir. Hatta benzerliğin de ötesinde büyük bir paralellik gösterir.
"İyiyle Kötüyü Bilme Ağacı" ikilemlerin başlayacağı realite-

yi temsil etmektedir. Aden bahçesinde yani cennette bu ağacın meyvası yasak edilmiştir. Bu, henüz ikilemlerin başlamadığı dönemi ifade eder. Bu ağacın meyvasının yenilmesiyle birlikte dualite de başlamış olmaktadır. Bu Demir Çağ'ın en belirleyici özelliğidir. Ve bu sembol kullanılarak yeni başlayacak olan dönemin insanlarının içinde bulunacağı şartlar dile getirilmiştir.

Yeni başlayacak olan devrede iyilik ve kötülüğü birbirinden ayırt edemeyecek olan bir şuur hâlinin insanlar üzerinde hakim olacağı anlatılmaktadır. Yani şu anda bizim içinde yaşamakta olduğumuz devrin başlangıcı sembolik bir ffadeyle aktarılmıştır. İkilemler içinde bocalayacak olan ve şu anda halen bizim içinde yaşamakta olduğumuz bu devrin temel özelliği bu şekilde dile getirilmiştir.

Bir zamanlar Tevrat'ta ve Eski Türk Mitolojisi'nde anlatılanlar aynen gerçekleşmiş ve içine girilen yeni çağda insanlık gerçeğin apaçık yüzüyle değil, üstü örtülen, kapatılan dış kabuğuyla meşgul olmuştur. Ve bu kabuğu, gerçeğin kendisiyle karıştırmıştır. Böyle olunca da iyilik ve kötülük birbirine karışmış, ikilemler içinde bocalayan bir insanlık tablosu ortaya çıkmıştır.

Kutsal metinler içinde sadece Tevrat'ta değil, Kur'an-ı Kerim'de de kullanılan yasaklanan meyvadan yeme ve sonrasında cennetten kovulma sembolü aynı şekilde kullanılmıştır.

Kur'an-ı Kerim de konuyu benzer sembollerle anlatmıştır

Ağaç yeryüzü ile gökyüzünün irtibatını sembolize eder demiştik. Ağacın meyvesi ise bu irtibatın meyvesidir. Yani kozmik bilgilerin sembolüdür. Bu konu Kur'an-ı Kerim'de çeşitli ayetlerde dile getirilmiştir:

"Ey Âdem! Sen ve eşin cennette kalın. Dilediğiniz yerden yiyin. Fakat şu ağaca yaklaşmayın."
(A'RÂF: 7/19)

Yani artık o meyvenin yenmesi istenmemektedir. Sebebi ise çok açık... Çünkü yeni başlayacak devrede o bilgilerle insanlık yaşamayacaktır. O bilgilerden uzak kalacaktır. Anlatılmak istenen incelik işte budur.

Türk Mitolojisi'nde Törüngei ile Eci'nin öyküsü Kur'an-ı Kerim'de Adem ile Havva'nın öyküsü olarak karşımıza çıkar. Anlatılmak istenen her iki metinde de aynıdır:

Yer ile göğün evliliğini sembolize eden en güzel tasvir edilmiş ağaç sembollerinden biridir.

95

Andolsun, bundan önce biz Adem'e (cennetteki ağacın meyvesinden yeme diye) emrettik. O ise bunu unutuverdi. Biz onda bir kararlılık bulmadık.

Hani meleklere, "Adem için saygı ile eğilin" demiştik de, İblis'ten başka melekler hemen saygı ile eğilmişler; İblis bundan kaçınmıştı.

Biz de şöyle dedik: "Ey Adem! şüphesiz bu (İblis) sen ve eşin için bir düşmandır. Sakın sizi cennetten çıkarmasın; sonra mutsuz olursun." Şüphesiz senin için orada aç kalmak, çıplak kalmak yoktur. Orada ne susuzluk çekersin, ne de güneş altında kalırsın."

Nihayet Şeytan ona vesvese verip şöyle dedi: "Ey Adem! Sana ebedilik ağacını ve yok olmayan bir saltanatı göstereyim mi?"
Bunun üzerine onlar (Adem ve eşi Havva) o ağacın meyvesinden yediler. Bu sebeple ayıp yerleri kendilerine göründü ve cennet yaprağından üzerlerine örtmeye başladılar. Adem Rabbine isyan etti ve yolunu şaşırdı.
Sonra Rabbi onu seçti, tövbesini kabul etti ve ona doğru yolu gösterdi.
Allah şöyle dedi: "Birbirinize düşman olarak hepiniz oradan inin. Eğer tarafımdan size bir yol gösterici gelir de, kim benim yol göstericime uyarsa artık o, ne (dünyada) sapar ne de (ahirette) sıkıntı çeker."
(TÂ HÂ SURESİ: 20/115-123)

Zaman zaman hep söylediğim gibi, ezoterik içerikli tüm metinler birbirleriyle büyük bir paralellik gösterir. Dünya üzerindeki hiçbir mitolojik metin, bir başka yöredeki mitolojik metinle çelişmez. Üslupta sadece farklılıklar vardır. Kullanılan tüm semboller aynıdır. Bir ulusun mitolojisinde geçen "Ağaç" sembolü orada ne anlama geliyorsa bir başka ulusun mitolojisinde de aynı anlamı ifade eder. Çünkü ezoterik içerikli semboller her yerde aynı anlama sahiptir. Bunu dinsel metinler için de söyleyebiliriz.

Ezoterizm ile ilgili araştırma yapmayan ve ezoterizmle ilgili bilgisi olmayan bazı araştırmacılar özellikle mitolojilerle dinler arasındaki bu benzerlikleri görünce son derece yanlış bir yoruma giderek konuyu arap saçına çevirerek şöyle bir sonuç çıkartmışlardır:

Madem ki, mitolojiler Tevrat ve Kur'an-ı Kerim'den çok daha önce oluşmuştur, o hâlde dinler aslında bir vahye dayanmaz, Hz. Musa da Hz. Muhammed de bunları oralardan alarak insanlara kendi üsluplarıyla sunmuşlardır.

Hiçbir kitabımda şu doğrudur, şu yanlıştır gibi cümleler kurmadım. Sadece meseleyi açık bir şekilde anlatarak, yorumu sizlere bıraktım ama burada söylemek zorundayım ki, bu yorum ezoterizme göre yanlıştır...

Mükemmelliyetten uzaklaşış

Efsanemize kaldığımız yerden devam edelim:

Tanrı döndü Şeytan'a, kızarak şöyle dedi:
"Bir kat var sana göre, üç kat yerin dibinde,"
"Ne Ay var, ne de Güneş, karanlıklar içinde."
"Seni gökten aşağı, sürüp indireceğim,"
"Seni yerin altında, tutup sindireceğim."

Yerin altında tutup sindirmek, artık o eski bilgelikten uzak ve karanlıklar içinde yaşamaktır. O eski mükemmelliyetini kaybedecek olan insanlığın yeni başlayacak olan öyküsüdür.

Efsanenin hemen devamında anlatılanlar ise, dinler devrinin başlayacağını ve artık açık bilgilerle değil, perdelenmiş, üstü örtülmüş bilgilerle insanlığın karşı karşıya kalacağı ve yaşamını bu bilgilerle sürdürmeye çalışacağı dile getirilmektedir...

Bundan sonra da Tanrı, insana şöyle dedi:
"Bekleme benden yemek, benden artık yardım yok!"
"Kendiniz çalışınız, aşınızı yapın çok."
"Bundan sonra ben size, görünmem artık bitti!"
"Benim elçim Mai-Tere, sizinle yere gitti."
"O artık ne gerekse, sizlere öğretecek.
"Bana elçim olarak, haberi iletecek."

Dinler devri ve peygamberlerinin burada anlatılması söz konusudur. Artık insanlık ilâhilikle dirket irtibatlı olamayacaklar ve ilâhilikle olan irtibat ancak elçiler vasıtasıyla kurulabilecektir.

Evet... İnsanlık açık bilgileden uzaklaştırılmıştır ancak yine de kozmik bilgi tamamen kesilmemiş göklerle olan irtibatı belli bir oranda da olsa sürdürülmüştür. Ancak hiçbir şey eskisi gibi değildir. Mitolojinin devamında bu konu şöyle anlatılır:

Gönderdi Mai-Tere'yi, Tanrı gitti katına.
Arpalı kara ekmek, şalgam aşıyla doyduk,
Tanrı aşı yerine, türlü soğanı koyduk.

Günün birinde Şeytan, Mai-Tere'ye giderek:
"Ne olur ey Mai-Tere, ne olur benim için,"
"Tanrı'ya yalvarı ver, varı ver benim için."
"Kurtulur da çıkarım, belki Tanrı katına,"
"Belki de kavuşurum, göklerin hayatına."
Mai-Tere kabul etti, Tanrı katına vardı,

Altmış iki yıl derler, Tanrısına yalvardı.
Tanrı gelip insafa, Şeytan'a şöyle dedi:
"Ey Şeytan bana eğer, düşmanlık yapmaz isen,"
"İnsanlara hoş bakıp, kötülük saçmaz isen,"
"Affettim haydi seni, katımda otur," dedi.
Tanrı'nın affı ile, Şeytan göklere gitti.
Tanrı'ya vardı bir gün, şöylece rica etti:
"Ne olursun ey Tanrı, ben de gökler yapayım,
"Kut ver bana ne olursun, payıma gök alayım."

Demir Çağ başlıyor

Efsanenin bu bölümünde göksel plânların dünyamız üzerindeki desteği anlatılmaktadır. Az önce söylemiş olduğum gibi Şeytan da bu büyük göksel organizasyonun aslında bir parçası konumundadır.

Şeytan: Sivri kulaklı, uzun burunlu, siyah pelerinlere bürünmüş, elinde çatal mızrağı bulunan ve vücudu tüylerle kaplı garip canavarımsı bir mahluk değildir. Bir plânın ya da birkaç ruhsal plânın oluşturduğu bir organizasyondur. Dünya üzerindeki tüm dejenerasyonun ve negatif etkilerin desteklendiği ve beslendiği bu organizasyonun tahrip edici etkisi özellikle "düşüşün" ortalarından itibaren, daha fazla kendisini hissetirmiş ve hâli hazırda büyük bir ölçüde insanları etkisi altına almış durumdadır.

Dinsel metinlerde ve efsanelerde anlatılan bu sembolik bilgilerle adına *"Demir Çağ"* dediğimiz; kalplerimizin mühürlü olduğu bizim karanlık devremiz böylelikle başlamış oluyordu...

Bireyselliğin ve maddenin gelişmesi ile alakalı bir sürecin başlangıcıydı bu. Bu sürecin en önemli özelliği, son derece kaba ve diğer dönemlerle karşılaştırıldığında oldukça geri seviyeli, bilgiden uzak bir yaşam biçiminin başlayacak olmasıydı.

Ve nitekim öyle de olmuştur. Kozmik bilgiler unutulmuş, insan yaşamın gayesini bile hatırlayamadan bu dünyada yaşamaya başlamıştır. Bu aşağı inişin zaruri bir sonucundan ibaretti.

Şeytan Plânı ve Göksel Güçler

Bu rica üzerine kut verdi, Tanrı ona,
Dedi: "Sen de gökler yap, al kendi hesabına."
Şeytan kutu alınca, kendine gökler yaptı,
Gökler Şeytan'la doldu, cinlere köşkler yaptı.
Ayrıca göklerde de, kutsal kişiler vardı,
Tanrı'ya yardım eder, semada dururlardı.
Mandi-şire'ydi biri, düşünüp durdu birden,
Şeytanları görünce, kalbi buruldu birden.

Efsanenin bu bölümüne kadar tekil şahıs olarak geçen Şeytan burada çoğullaşmış ve tekillikten çıkmıştır. Bu önemli bir ayrıntıdır. Birden fazla varlıkların oluşturduğu Şeytan Plânı'nın mitolojik bir dille anlatımı burada karşımıza çıkmaktadır ki, son derece açık bir şekilde bu bilginin burada verildiğini görüyoruz.

Üzerinde durulması gereken bir diğer ayrıntı da Tanrı'ya yardım eden ve semada durdukları söylenilen kutsal kişilerdir. Bu dizelerde anlatılan ise, *"Şeytan Plânı"*na karşılık pozitif enerjilerin üretilip dünyaya yollandığı bir başka *"Plân"*dır.

Efsane Mandı-şire'nin şu sözleriyle devam etmektedir:

"Bu ne kötü düzendir, Şeytanlar hep azarlar!"
"Tanrı'nın insanları, yeryüzünde yaşarlar!"
"Şeytan'ın adamları, gökyüzünü basarlar!"

Tanrı'ya doğrusu bu, Mandı-şire darıldı,

Düşman oldu Şeytan'a, harbe hazırlandı.

Şeytan da karşı geldi, vuruştular bir zaman,
Mandı-şire'yi yaktı, ateş püskürdü Şeytan.

Mandı-şire kaçarak, yüzün Tanrı'ya sürdü,
Onun haline bakan, Tanrı sorarak güldü:

Dedi: "Ey Mandı-şire, bu gelişin nereden,
Mandı-şire dert yandı, sordu: Bu düzen neden?

"Ey Tanrım şöyle bakın, bu ne kötü düzendir!"
"Anlatayım size bir, beni en çok üzendir."

"Şeytan'ın adamları, gökte hayat sürerler,"
"Tanrı'nın insanları, kara yerde tünerler!"

"Ben atıldım Şeytanı, gökyüzünden kovmaya,"
"Anladım ki bende güç yok, onları kovmaya."

Mandı-şire'yi duyan Tanrı, doğrulup dedi:
"Korkma ey Mandı-şire, benden kuvvetlisi yok,"
"Şeytan'ın gücü şimdi, elbet senden daha çok."

"Her şeyin zamanı var, bu çağ bir gün bitecek,"
"Bugün git Mandı-şire diye Tanrı diyecek."

Efsanenin bu bölümünde kullanılan özellikle iki sembole dikkatlerinizi çekmek istiyorum: *"Şeytan adamlarının gökyüzünde olması"* ve *"Tanrı'nın insanlarının yeryüzünde olması"*.

Her ne kadar Demir Çağ başlamışsa ve Şeytan Plânı hakimiyeti eline almışsa da, yeryüzünde Tanrı'nın insanları hiçbir zaman eksik olmamıştır. Bunlar vazifeli göksel elçiler ve göksel irtibat içinde olan inisiyatörlerdir. Bunlar gerçekten de yeni başlayan dönemde insanlığı hiç yalnız bırakmamış ve düşüşün hızını ayarlamışlardır. Dolayısıyla da o eski bilgelik küçük merkezlerde de olsa hep yaşatılmış, tamamen unutulup gitmesine izin verilmemiştir. Çünkü efsanede anlatıldığı gibi içine girilen bu devre sonsuza dek sürmeyecek, bir gün yeniden insanlık bilgelikle buluşabileceklerdir.

Yapılan ilâhi plan bu yöndeydi. İşte bu nedenle efsanede *"her şeyin zamanı var, bu çağ bir gün bitecek"* cümlesiyle açık bir şekilde anlatılmıştır.

Kut-sal – Ruh-sal

Bekledi Mandı-şire, yata yata yıl geçti,
Birgün uykuda iken, güzel bir rüya seçti.

Düşündü Mandı-şire, o gün mü geldi diye,
Şeytan'la vuruşacak, hoş gün mü geldi diye.

Demişti hani Tanrı, elbet bir gün gelecek,
"Mandı-şire git hemen" diye Tanrı diyecek.

Beklediğim o günler, artık gelmiş olmalı,
Aradan yıllar geçti, zaman dolmuş olmalı.

Gerçekten Tanrı onu, görerek şöyle dedi:
"Ey Mandı-şire artık, sen bugün varacaksın."
"Göklerden onu kovup, yerlere atacaksın.
"Muradına kavuşup, onları kovacaksın."
"Ondan kuvvetli olup, çok güçlü olacaksın."
"Kutladım kutumla seni, güçlüdür benim kutum,"
"Her işte sana yetsin, sendedir hep umudum."

Eski Türk inanç sisteminde *"ruh"*a karşılık kullanılan sözcük *"kut"*tur. Türk kültür tarihinde geçmişten günümüze kadar Kut sözcüğünün yanı sıra tin, süne, öz ve daha sonra Farsça'dan alınan can sözcüğü de ruh anlamında çok yaygın olarak kullanılmıştır. Ancak ilk dönemlerde en yaygın kullanılan sözcük *"kut"*tur. Daha sonraları dilimize geçen *"kutsal"* sözcüğü de **"kut"**tan türeyen bir sözcüktür. Yani kutsal demek ruhsal demektir. Ve Eski Türk inanç sisteminde kut'un kökeni Tanrısal'dır ve gökten gelmedir.

Efsanede Tanrı tarafından Mandı-şire'ye verildiği söylenilen kut, ruhsal güçtür.

Duyunca Mandı-şire bunu, güle güle katıldı,
Bu ne biçim güç diye, sormak için atıldı:

"Ne okum, ne okluğum, ne tüfeğim var benim,"
"Ne kargım, ne mızrağım, ne kılıcım var benim."
"Yalnız var yalın kolum, biliyorsun ey Tanrım,"
"Bir kolun kuvvetiyle, ben ona ne yapayım?"

Tanrı dedi: "Ne ile gitmek istersin ona?"

Mandı-şire söz aldı, dedi ki Tanrısı'na:
"Benim hiçbir şeyim yok, göreceğim ben onu,"
"Kendi öz ayağımla, tepeceğim ben onu."
"Kendi kollarım ile, ben onu tutacağım,"
"Havaya kaldırarak, onu fırlatacağım."

Burada çok önemli bir konu anlatılmaktadır. O da Demir Çağı'nın sonunda insanların nasıl bu karanlıktan kurtulacağı ve aydınlanacağıdır.

Bu devre sonunda yaşanacak bir süreçtir. Bu sürecin sonunda insanların kendi bireysel çabaları ve iç potansiyel güçlerini kullanarak bundan kurtulacakları burada anlatılmaktadır. Mandı-şire'nin kendi öz ayağımla, kendi kollarımla onu alt edeceğim demesinin nedeni budur.

Ancak insanlığın bu gayreti mutlaka göksel tesirlerle de desteklenecektir. Bu önemli bilgi efsanenin devamında Tanrı'nın Mandı-şire'ye mızrağını vermesiyle anlatılmıştır:

Tanrı dedi: "Al şunu, al bu mızrağımı al,"
"Şeytan'ı görünce de, mızrağımı ona sal."

Mandı-şire alınca, bu mızrağı eline,
Göklere çıkıp daldı, gitti Şeytan iline.

Erlik'i buldu yendi, Şeytan'ı yakaladı,
Gökte neyi var ise, hepsini parçaladı.

Şeytan bunu görünce, kendi de gökten kaçtı.
Bundan önce dünyada, ne kaya ne taş vardı,
Ne şimdiki gibi de, yükselen bir dağ vardı.

Şeytan'ın göklerden, düşen parçaları ile,
Dünya karışmış oldu, kayalar taşlar ile,
Dünya'nın her tarafı, dağla tepeyle doldu,
Dağlar'ın her yanı da, yamaçlı sarp, dik oldu,
Dümdüz iken dünyamız, dünyaya olan oldu,
Tanrı'nın yarattığı, hep böyle yaman oldu.

Tanrı'nın mızrağını vermesi az önce geçen kutun verilmesini tamamlayan bir semboldür. Herşeyin göksel - ilâhî bir düzen içinde yürütülmekte olduğunu anlatmaktadır.

Özetle...

Özetleyecek olursak insanlık aşağıya iniş sürecine tabi

tutulmuş ve daha sonra yeniden o eski mükemmelliyet dönemlerine yükselmeleri plânlanmıştı. Aktardığım efsanede genel olarak baktığımızda bu tema işlenmiş ve anlatılmıştır.

Efsanede aynı Egenekon Efsanesi'nde olduğu gibi hem geçmişte yaşananlar, hem de gelecekte insanlığı bekleyen süreç çeşitli semboller kullanılarak anlatılmıştır. Türk Mitolojisi'nin en önemli efsanelerinden biridir...

Şimdi Türk Mitolojisi'nin bir başka önemli efsanesiyle devam edelim: Oğuz Kağan Efsanesi...

2

GÖK TANRI İNİSİYASYONU

Yerin ve göğün oğulları...

GÖK TANRI

Orta Asya'nın uçsuz bucaksız bozkırlarında yaşayan atalarımızın manevi dünyalarına yön veren inanç sistemi daha sonraları Şamanizm'e de çok büyük etkilerde bulunacak olan Gök Tanrı Kültü'ne bağlıydı.

Eski Türkçe'de Tanrı sözcüğü Tengri biçiminde söylenirdi.

Eski Türkçe'de aynı zamanda "Gök" anlamına da gelmekteydi. Dolayısıyla Tengri sözcüğü "Gök - Tanrı" sözcüklerinin her ikisini de kapsamaktaydı.

Bugün bizim kullandığımız *"Gök"* sözcüğüne karşılık, atalarımız *"Kök"* sözcüğünü kullanmaktaydı. Kök olarak söylenen gök sözcüğünün ise Eski Türkçe'de üç anlamı vardı:

1– Gök, gökyüzü.
2– Mavi renk.
3– Ulu, yüce, kutsal.

Atalarımızın Tanrı ile ilgili kullandıkları isimlerden biri de Kang Tengri'ydi. Tengri: Gök Tanrı, Kang ise: Baba ve Ulu Ata anlamına gelmekteydi.

Atalarımızın inanç sistemlerini ifade etmek için kullandıkları bu sözcük ve tanımlamalar bir zamanlar Orta Asya bozkırlarında yaşamış olan inisiyatik öğretiye de işaret etmektedir. Yani Gök - Tanrı sadece Tanrı'yı tanımlayan bir isim değil, inisiyatik bir öğretinin de adıdır.

İşte şimdi bu inisiyatik öğretinin izlerini bulmaya ve anlamaya çalışacağız...

OĞUZ KAĞAN EFSANESİ

Türk Mitolojisi'nin önemli bir bölümünü oluşturan *"Oğuz Kağan Efsanesi"*, baştan sona *"Gök - Tanrı Kültü'ne bağlı inisiyatik eğitimi"* mitolojik bir dille anlatır.

Bir zamanlar Orta Asya'daki atalarımızın ilk dinine ait olan bu inisiyasyonun mitolojik bir dille anlatıldığı Oğuz Kağan Efsanesi'nin günümüze kadar gelebilen üç farklı versiyonu bulunmaktadır. Bunlar arasında özüne en sadık olanı Uygurlar tarafından, Uygurca kaleme alınmış olan versiyonudur.

Diğer versiyonları XIV. yüzyılın başında yazılan Reşîdeddîn'in *"Câmiüt-Tevârih"* adlı eserinde yer alan Farsça Oğuz Kağan Efsanesi ve XVII. Yüzyıl'da Ebü'l-Gazî Bahadır Han tarafından Türkmenler arasındaki sözlü rivayetlerden ve önceki yazmalardan faydalanarak yazılan versiyonudur.

Oğuz Kağan Efsanesi'nin ikinci ve üçüncü versiyonları İslâmiyet'in etkilerini taşır. Uygurca yazılan versiyonunda ise İslâmiyet'in hiçbir izi yoktur. Uygurlar kendilerinden öncesine ait bu efsanenin ana temasına sadık kalmışlar ve onu değiştirmemeye özen göstermişlerdir. Çünkü bu Eski Türk Geleneği'nden ayrılmak demekti. Ve onlar bunu yapmamışlardır.

Uygurlar'ın yararlandıkları asıl kaynak ise ne yazık ki günümüze kadar ulaşamamıştır. Ancak yine de elimizdeki Oğuz Kağan Efsanesi atalarımızın Gök - Tanrı inanç sistemleri hakkında çok önemli bilgilerle doludur.

Oğuz Kağan kimdir?

Oğuz Kağan, inisiyasyondan geçen bir kişinin sembolüdür. Doğuşundan başlayarak geçirdiği tüm aşamalar ve yaşadığı olaylar aslında inisiyasyonun aşamalarıdır. Bu aşamalar Gök - Tanrı İnisiyasyonuna aittir. Bu aşamalar dikkatlice incelendiğinde atalarımızın nasıl bir inisiyatik bilgiye sahip oldukları çok açık bir şekilde anlaşılabilmektedir.

Kökeni Siriusyen Kültüre kadar uzanan bu inisiyatik bilgiler bir zamanlar Orta Asya'nın en gizemli bilgelerini oluşturur.

Bu arada özellikle şunu da belirtmeliyim ki, ezoterizmle ilgili araşatırma yapan yurtdışındaki hemen hemen hiçbir yazar atalarımızın bu kültürel birikimiyle ilgilenmemiştir. Bu konuda yayınlanmış bir kitap da bulunmamaktadır. Yakında kitaplarımızı yurtdışında yayınlamaya başladığımızda eminim ki onlar da atalarımızın bu kültürel mirasıyla yakından ilgilenme imkanına kavuşabileceklerdir. Böylelikle uluslararası ezoterik birikimin eksik kalan çok önemli bir parçası genel bütünün içinde gerekli yerini alacaktır.

Evet.. Yurtdışından önce bu birikimi önce sizlerle paylaşalım..

*

*　*

Oğuz Kağan'ın Doğuşu

Efsane, Oğuz Kağan'ın doğuşu ve doğduktan sonraki Oğuz Kağan'ın özelliklerini tasvir etmeyle başlar.

Oğuz Kağan'ın doğuşu, inisiyasyona giriş anlamına gelir. Ve inisiyasyonda geçirilen devreler, efsanenin ilerleyen bölümlerinde teker teker ele alınarak anlatılmaya başlanır.

Efsanenin ilerleyen bölümlerinde daha açık bir şekilde göreceğimiz gibi; Gök Tanrı Kültü'ne ait inisiyasyonun anlatıldığı bu efsanedeki Oğuz Kağan'ın aynı zamanda göksel bir elçi olduğu da sembollere büründürülerek anlatılmıştır. Oğuz Kağan göklerden gelen ve geçtiği inisiyasyonla geldiği kökenini bu dünyada hatırlayan bir inisiyeyinin sembolüdür.

Sözü daha fazla uzatmayalım ve efsanemizi incelemeye başlayalım:

Günlerden bir gün:

Aydın oldu gözleri, renklendi, ışık oldu,
Ay Kağan'ın o gündü bir erkek oğlu oldu.

Gömgök, gök mavisiydi, bu oğlanın yüz rengi,
Kıpkızıl ağzıyla, ateş gibiydi benzi.

Al al idi gözleri, saçları da kapkara.
Perilerden de güzel, kaşları var ne kara.

Yüz kutsallığın aynasıydı...

Yüz, Eski Tükler'e göre insanın en önemli yeriydi. Utanç, kötülük, iyilik ve hatta kutsallık bile insanın yüzüne akseden özelliklerdi. Bu sebeple kötülerin yüzü kara, iyilerin yüzleri ak, kutsal insanların yüz rengi ise *"Gök Mavisi"* olarak mitolojide sembolleştirilmiştir.

Daha sonraları bu gelenek Türkler arasında devam etmiş ve Osmanlı döneminde Sufiler arasında *"İlm-i Sima"* adı altında, yüzden karakter ve ruhsal analiz yapma geleneği sürdürülmüştür.

Eski Türkler, Oğuz Kağan'ın doğarken yüzünün gök renginde olmasını, onun gökten gelen bir elçi olduğunun ve Tanrısallığın rengini taşıdığını gösteren bir belirti olarak saymışlardır.

Ağzından çıkan manyetik enerji

Gelelim Oğuz Kağan'ın ağzının ateş rengine benzetilmesine...

Eski bir Altay Efsanesi'nde konumuza örnek olacak bir bölüm vardır:

Ak Han avlara gitmiş, çok geyik hayvan yıkmış,
Küçük bir çocuk, Ak Han'a karşı çıkmış.
Çocuk ağzını açmış, ağzından alev saçmış,
Gökteki bulut yanmış, Hakan da hemen kaçmış.

Türk Mitolojisi'nde buna benzer çok sayıda örnek vardır. Çocuğun ağzından ateşler çıkması ve Oğuz Kağan'ın ağzının ateş rengine benzetilmesi ilk bakışta hayal ürünü bir masal motifi gibi görünse de, aslında bu tasvirler Oğuz Kağan'ın niteliğini belirleyen mitolojik sembollerdir.

Konuyu açalım...

Bu iki ayrı inisiyatik bilginin sembolüdür:

1– Nefes yoluyla manyetik enerjilerin aktarılması:

Sufi Öğretileri de dahil olmak üzere eski inisiyatik çalışmalarda mürşidin müridi öpmesinin çok önemli bir yeri vardı. Bu, temeli çok eskilere dayanan, tesirin nefes yoluyla aktarılabileceği bilgisinin bir uygulamasıydı.

Mürşit sahip olduğu kendi manyetik tesir alanını, henüz daha o olgunluğa ulaşmamış olan müridine aktarmakla görevliydi. Bunu yapmanın yollarından bir tanesi de, onu öpmesi yani nefesiyle kendi enerjisini müridine geçirmesiydi.

Nitekim, belirli zamanlarda insanların birbirlerini kutlamak ya da saygı ve sevgilerini göstermek amacıyla birbirlerini öpmelerinin ardında yatan gerçek de, bu bilgiye dayanmaktadır. Fakat zamanla bu köken unutulmuştur.

Ayrıca yeri gelmişken hemen belirtelim ki; bir hastalığın iyileştirilmesi amacıyla okuyup üflemenin de altında yatan gerçek, yine şimdi ifade etmeye çalıştığım bu inisiyatik kökenli bilgiye dayanmaktadır. Ancak gerçek kıymetini günümüzde kaybetmiş durumdadır. Çünkü bu da köken itibarıyla unutulmuş bilgiler arasında yerini almış ve batıl bir inanç olarak ya da dinsel majik bir uygulama gibi görülmeye başlanmıştır. Oysaki kökeni görüldüğü gibi ne dinsel majik bir uygulamaya, ne de batıl, boş bir inanca dayanmaktadır. Altında yatan ilk gerçek bambaşkadır... Tesirin nefes yoluyla aktarılabileceğinin bilgisi mitolojide bu şekilde hikayeleştirilerek anlatılmıştır.

Şimdi gelelim nefesle nakledilen bu tesirin niteliğine. Bu nitelik ateşle sembolleştirilmiştir.

2– Ateş ve Ruhsal Arınma

Türk Mitolojisi'nin çeşitli efsanelerinde geçen bu sembol dinsel metinlerde de kullanılmıştır. Örneğin İncil'de Vaftizci Yahya'nın bir sözü şöyle aktarılmıştır:

> Gerçi tövbe için su ile ben sizi vaftiz ediyorum. Fakat benden sonra gelen, benden daha kudretlidir. Onun çarıklarını taşımaya ben lâyık değilim. O sizi Ruhülkudüs ile ve ateş ile vaftiz edecektir.
> Onun yabası elindedir ve harman yerini bütün bütün temizleyecektir. Buğdayını ambara toplayacak, fakat samanını sönmez ateşle yakacaktır.
> (Matta 3/11-12)

Ateş sembolünün ilk bakışta aktarmak istediği bilgiyi; pislikleri yok etme olarak ele alabiliriz. Ateş fiziksel olarak yakıcı özelliğiyle mikropları yok eder. Bu fiziksel özelliğinden dolayı, manevi temizlenmede de sembol olarak *"ateş"* seçilmiştir.

Anadolumuzda *"nara giren nur olur"* sözü buradan kaynaklanmış bir atasözüdür. Ve altında yatan bilgi budur. Hem fiziksel hem de ruhsal arınmayı ifade eder.

Hemen hemen bütün toplumlarda arınmanın sembolü olarak ele alınan *"ateş"*, o denli önemli bir sembol olmuştur ki, daha sonra gelenler, o insanların adeta ateşe taptıklarını zannetme hatasına bile düşmekten kendilerini alamamışlardır.

Asıl köken unutulsa da, tüm tarih kitapları, Gök Tanrı Dini'ne bağlı Eski Türkler'in ve şaman dinine bağlı bulunan o devirdeki diğer Türk toplumlarının ateşi kutsal saydıklarını söyler...

İşte bunlardan birkaç örnek:

Yakut Şamanları çakmak taşıyla yaktıkları ateşi kutsal sayarlar ve ayinlerde kullanırlardı.

Altaylılar'ın ateşe karşı yaptıkları dualarda ateşi güneş ve aydan ayrılmış bir parça olarak görürlerdi. Ayrıca ateşin Tanrı Ülgen tarafından gönderildiğine inanırlardı. Ateşi su ile söndürmek, ateşe tükürmek, ateşle oynamak kesin olarak yasaktı.

Orta Asya Türkleri'nde çok yaygın olarak, ateşe bakarak kehanette bulunma adetinin varolduğunu da biliyoruz. Örneğin Manas'ın babası Cakıp Han ateşe bakıp, gelinlerinin geleceklerini anlatırdı.

Yine bir başka şamanist inanca göre; ateş her şeyi temizler ve kötü ruhları kovalardı.

VI. yüzyılda Batı Gök-Türk hakanına gelen Bizans elçileri ateşler arasından geçirildikten sonra görüşmeye kabul edilmişlerdi.

Başkurtlar ve Kazaklar yağlı bir paçavrayı tutuşturup hastanın çevresinde *"alas... alas..."* diyerek dolaştırırlardı. Buna *"alaslama"* derlerdi ki, bu kelime Anadolu Türkçesi'nde *"alazlama"* şeklinde muhafaza edilerek günümüze kadar gelmiştir. Ateşte temizlenme anlamına gelen bu kelime, Altay şamanları'nın dualarında çok sık geçerdi.

Ayrıca şamanlar'ın yaptığı her ritüelde muhakkak ateş bulunurdu. Örnekleri çoğaltabiliriz...

Ancak biz tekrar Oğuz Kağan Efsanesi geri dönelim... Yukarıda aktardığımız bilgiler ışığında düşünecek olursak, Oğuz'un ağzının ateş renginde olduğunun söylenmesi onun gücünü gösteren bir sembol olduğu kendiliğinden ortaya çıkacaktır.

Bu fiziksel kas gücü değil; bu güç, inisiyatik bir eğitimden geçenlerde ortaya çıkan, onun ruhsal ve manyetik gücüdür. Doğuştan bu özelliğe sahip olması onun ruhsal potansiyelini gösterir. Bu potansiyel gücü daha sonra geçeceği inisiyatik eğitimle kolaylıkla su üstüne çıkacaktır. Bunu efsanenin ilerleyen bölümlerinde daha açık olarak göreceğiz.

Çocuklar kadar saf olabilmek...

Az önce aktarmış olduğum Altay Efsanesi'ndeki çocuğun da ağzından ateş ve alevlerin çıkmasının anlamı budur. Burada çocuk motifiyle, aynı zamanda inisiyasyonda çocuklar kadar saflaşma hâli de anlatılmak istenmiştir. Eski ezoterik öğretilerde bu ayrıntılarıyla ele alınmış olan bir meseledir. Çocuk saflaşmanın ve sadeleşmenin yani ayrıntılardan kurtularak birliğe doğru gidişin de bir sembolü olarak kullanılmıştır. Buna en iyi örneklerden biri de İsa peygamberin söylemiş olduğu sözdür:

"Çocuklar kadar saf olmadıkça melekuta giremezsiniz."
Demek ki ne kadar saflaşabilirsek, astral tortularımızdan ne kadar kurtulabilirsek; manyetik enerjimiz o kadar kuvvetlenmektedir.

Sonuç olarak:

Oğuz Kağan'ın gözlerinin al al ve ağzının da kıpkızıl olmasının ardındaki ezoterik bilgileri bu şekilde özetleyebiliriz.. Ancak burada bir konuyu daha kısaca açmakta yarar görüyorum...

Allamak - pullamak ve Albayrak

Eski Tükler'de *"al"* rengi bugün kullandığımız kırmızı renginden kısmen farklılık göstermekteydi. Al rengi, güneşin şafak vakti yani güneşin doğmak üzereyken ve yine batmak üzereyken gökyüzüne yansıttığı kırmızımsı renktir.

Atalarımız daha sonraki yıllarda da şafak sökerken ve

akşam Güneş batarken göğün kızıllığa boyandığı anlarda dua ederlerdi. Bu şekilde dua ile, sabah vakti onu karşılıyor, akşam vakti de onu yine dua ile uğurluyorlardı. Şamanizm'de de sürdürülen bu dua etme gelenekleri işte o ilk dönemlerdeki Gök - Tanrı inisiyasyonuna bağlıydı.

Bu gün bile o kadim geleneğin izlerini Anadolu'da görebiliyoruz.

Örneğin bugün hâlâ "kırmızı bayrak" değil *"al bayrak"*; "kırmızı kan" değil *"al kan"* sözcükleri kullanılmaktadır.

"Al" sözcüğü Türk lehçelerinde, *"yüce"*, *"kudret"* ve *"yüksek"* anlamlarına da gelir.

Altay dağının adı da bu "al" sözcüğüyle ilintilidir. Al": Yüce-yüksek; "Tay": dağ anlamına gelir. Yani Al-tay: Yüce-ulu dağ, yüksek dağ anlamındadır.

Yine bir başka örnek vermek gerekirse yermek, aşağılamak anlamında "karalamak" derken, yüceltmek, övmek, kutsamak karşılığı da, "allamak" sözünü kullanmaktayız. Bugün dilimizde kullandığımız *"allamak pullamak"* tabiri de bu geleneğin bir uzantısıdır.

Evet... Artık konumuzu toparlayalım ve Oğuz Kağan Efsanesi'ne geri dönelim...

Oğuz Kağan doğar doğmaz konuşmaya başlıyor

Geldi ana göğsüne, aldı emdi sütünü,
İstemedi bir daha, içmek kendi sütünü.

Pişmemiş etler ister, aş yemek ister oldu.
Etraftan şarap ister, eğlenmek ister oldu.

Ansızın dile geldi, söyler, konuşur oldu.
Kırk gün geçtikten sonra, yürür oynaşur oldu.

Anne sütünü hemen bırakması da kendisinin artık farklı

bir beslenme kaynağından yararlanacağını dile getirmektedir. Bu göksel - spiritüel kaynaktır. Şarap sembolü de bu nedenle seçilmiştir. Çünkü şarap ezoterizmde ve özellikle de Bâtıni İslam Öğretisi'nde şuursal değişimin sembolü olarak kullanılmıştır. Kur'an-ı Kerim'de Rabb'in gayet saf pak bir şarap içireceğinden bahseden çeşitli ayetler vardır.

Şarap en genel anlamıyla dünya ötesi ruhsal plânlardan dünyamıza gönderilen özel tesirlerin sembolüdür. Efsanede de bu anlamda kullanılmıştır.

Oğuz Kağan'ın inisiyasyona girişini anlatan güzel bir mitolojik motiftir.

Efsanenin hemen devamında dile getirilen bir başka konu da Oğuz Kağan'ın doğar doğmaz konuşmaya başlamasıdır:

Ansızın dile geldi, söyler, konuşur oldu.
Kırk gün geçtikten sonra, yürür oynaşur oldu.

Doğar doğmaz konuşmaya başlama motifi yukarıda yaptığımız yorumu destekleyen bir semboldür. Doğarken getirdiği ruhsal potansiyelini ifade eder. Aynı zamanda geçmişiyle ilgili bilgisini unutmadığının da bir göstergesidir.

Daha önceki kitaplarımda da belirtmiş olduğum gibi Hz. Musa ve Hz. Muhammed geçmişleriyle ilgili ve dünyaya geliş gayelerini unutarak gelmişler, buna karşılık Hz. İsa bu unutma sürecine bağlanmadan gelmiştir.

Bu nedenle de Hz. Musa Mısır mabetlerinde uzun yıllar süren bir inisiyasyona tutulmuştur. Hz. Muhammed de çocukluğundan beri ruhsal plânlarca gözetim altında tutulmuş, özellikle Cebrail tarafından ve kimliği bilinmeyen beyaz giysili bazı bedenli varlıklarca da geçmişiyle ilgili bilgilerini hatırlamasında kendisine yardımcı olunmuştur. (*)

(*) Ayrıntılı bilgi için bkz: "KUR'AN-I KERİM'İN GİZLİ ÖĞRETİSİ", Ergun Candan. Sy:29-42

Doğar doğmaz konuşmaya başlama sembolü, dinsel metinlerde de kullanılmıştır.

Bu sembolün kullanıldığı dinsel metinlerden biri de Kur'an-ı Kerim'dir:

> Kucağında çocuğu ile halkının yanına geldi. Onlar şöyle dediler: "Ey Meryem! Çok çirkin bir şey yaptın!" "Ey Hârûn'un kız kardeşi! Senin baban kötü bir kimse değildi. Annen de iffetsiz değildi." Bunun üzerine (Meryem, çocukla konuşun diye) ona işaret etti. "Beşikteki bir bebekle nasıl konuşuruz?" dediler.
> (MERYEM, 19/27-29)

> Bebek şöyle konuştu: "Şüphesiz ben Allah'ın kuluyum. Bana kitabı (İncil'i) verdi ve beni bir peygamber yaptı. Nerede olursam olayım beni kutlu ve erdemli kıldı ve bana yaşadığım sürece namazı ve zekatı emretti. Beni anama saygılı kıldı. Beni azgın bir zorba kılmadı. Doğduğum gün, öleceğim gün ve diriltileceğim gün bana selâm verilmiştir."
> (MERYEM, 19/30-33)

> Hakkında şüpheye düştükleri gerçek söze göre Meryem oğlu İsa işte budur.
> (MERYEM, 19/34)

Yukarıdaki ayetler Meryem Suresi'nin 27 - 34 ayetleri arasındaki anlatımlardır. Bu anlatımı arka arkaya vermeyip özellikle "Bebeğin" yani İsa Peygamber'in konuşmasının ayet numaralarını sizlere gösterebilmek için ayırdım.

30 - 33 ayetler, İsa Peygamber'in bu dünyadaki ilk sözleri ve kendisiyle ilgili aktardığı ilk bilgiler olarak verilmiştir. Burada dikkatlerinizi çekmek istediğim ilginç bir durum bulunmaktadır: **30 ve 33 rakamları!**...

Bu rakamlar son derece ilginç bir şekilde İsa Peygamber'in vazifesine başladığı ve vazifesini bitirdiği yaşlara karşılık gelmektedir. Eski Türk Mitolojisi'nde geçen bu konu görüldüğü gibi Kur'an-ı Kerim'de İsa Peygamber için de söz konusu edilmiştir.

Vücudunun Tüylerle kaplı olması

Aktardığım efsanede geçen bir diğer sembol de Oğuz Kağan'ın 40 günde yürümeye başlamasıdır.

40 ezoterizmde sabrın ve varmak istenen hedefe ulaşmanın rakkamıdır. Aynı zamanda ilâhi bir vazifenin başlangıcının göstergesi olarak da kullanımıştır.

Oğuz Kağan'ın kendisindeki bu özelliklerini, geçeceği inisiyatik eğitimle çok kısa bir sürede kullanmaya başlayacağı efsanenin devamında yine mitolojik motifler kullanılarak şöyle anlatılmıştır:

Öküz ayağı gibi idi sanki ayağı.
Kurdun bileği gibi idi sanki bileği.

Benzer idi omuzu, tıpkı samurunkine,
Göğsü de yakın idi koca ayınınkine.

Bir insan idi fakat tüylerle dolu idi.
Vücudunun her yeri, kıllarla dolu idi.

Ezoterizmde Öküz ve Boğa Semavi Yönetim'in kudretini ifade eden bir sembol olarak kullanılmıştır. Boynuz ve ayak organlarıyla önem taşıyan öküz, insan için çalışmanın, çalışmaya yöneltilmiş gücün sembolüdür.

Efsanede dile getirilen bir diğer sembol de Oğuz Kağan'ın vücudunun tüylerle kaplı olmasıdır.

Oğuz Kağan'ın vücudunun tüylerle dolu olduğunun söylenmesi bize şu anda garip görülebilir... Ve sanki çok da iyi bir özellik değilmiş gibi gelebilir. Gerçekten de her tarafı tüylerle kaplı bir insan görüntüsü sanırım hiç kimseye görüntü bakımlından güzel gelmeyecektir. Ancak burada sözü edilen tüyler mitolojik bir motiftir. Ve sembolik anlama sahiptir.

Eski Türkler'in kültür ve inançlarını anlatan tarihi kaynaklarda, ilk insanın tamamıyla tüylü olduğuna inanıldığı anlatılır.

Altaylar'da yaşayan birçok efsanede de, bu konu ile ilgili sayısız örnekler bulunmaktadır:

Tüylerle kaplı olan ilk insan, Tanrı'ya karşı günah işlemiş ve bundan dolayı da tüyleri dökülmüştü. Tüyleri dökülünce de insanoğlu, bir türlü hastalıklardan kurtulamamış ve ölümsüzlüğü elinden kaçırmıştı.

Görmüş olduğunuz gibi günah işlediği için tüylerinden mahrum kaldığı mitolojide anatılmaktadır. Burada günah işlemek tamamen mitolojik bir ifade biçimidir. Tüye yüklenen anlam ön plâna çıkartılmak için böyle bir üslupla böyle bir hikayeleştirilmiş bir motif oluşturulmuştur. Tüylerini yani bilgeliğini kaybetmiştir. Çünkü tüy gerçek bilginin sembolüdür.

İnsanlığın mükemmelliyetten uzaklaşmakta olduğunu yani *"Altın Çağ"*ın bitip *"Demir Çağ"*ın başladığını ve insanların da artık eski özelliklerini yitirmek zorunda kaldığını mitolojik bir üslupla efsanenin devamında şöyle anlatılır:

Tanrı insanı yaratırken, Şeytan gelmiş ve insanın üzerine tükürerek, her tarafını pislik içinde bırakmıştı. Tanrı da insanın dışını içine, içini de dışına çevirmek zorunda kalmıştı.

Bu suretle insanın içinde kalan Şeytan'ın pisliği, insanoğlunun ruhunu ve ahlakını olumsuz yönde değişikliğe uğratmıştı. İnsanın dışı gerçi Tanrı yapısıydı ama içi Şeytan tarafından kirletilmiş ve Şeytan'a benzer bir özelliğe bürünmüştü.

İnsanın ilâhiliğini bu devir içinde unutmuş olmasının bir başka şekilde anlatılmış haliyle burada karşılaşmaktayız. Evet.. İnsan iç potansiyel olarak mükemmel bir ruhsallığa sahiptir ancak bu özelliğini astralindeki tortular ve içinde bulunduğu yoğun negatif enerji nedeniyle kullanamamakta ve hatırlayamamaktadır.

Gelelim üzerinde durduğumuz "tüy" sembolüne...

Ezoterizm'de tüy hafifliğin ve ağırlıklardan kurtulmanın sembolü olarak kullanılmıştır. Burada kastedilen hafiflik ve ağırlıklardan kurtulmak astral tortulardan kurtulmanın karşılığıdır. Astral bedenin kabalaşmasını anlatır.

Tüy sembolünü bu şekilde ele alarak değerlendirdiğimizde yukarıdaki efsanenin Demir Çağı'nda yaşayacak olan insanların durumunun son derece ince bir üslupla anlatılmakta olduğu anlaşılacaktır. Günümüze baktığımızda bir zamanlar anlatılan bu efsanenin söylediklerinin aynen gerçekleşmiş olduğunu görebiliyoruz. Negatif enerjilerin yoğun kullanılması, bizi bu noktaya getirmiş ve astral bedenlerimizde büyük bir kabalaşma meydana gelmiştir.

Tüy sembolünün ezoterik anlamı en iyi şekilde Mısır Mitolojisi'nde kendisini hissettirir. Hatırlayacağınız gibi Mısır Mitolojisi'nde ölünün kalbinin tartılış sahnesi vardır. Terazinin bir kefesine ölenin kalbi diğer kefesine ise bir tüy konur ve ölünün kalbinin tüyden daha hafif gelip gelmediği ölçülür. Eğer ölünün kalbi ağır basarsa, öte alemde yükselebilmesi ve güneşe olan yolculuğuna devam edebilmesi mümkün olamaz.

Burada anlatılmak istenen aslında çok açıktır.

Öte Âlem astral maddelerden oluşmuş bir mekandır. Bu mekan, en kaba astral maddelerden başlayıp en süptil yani yüksek titreşimli astral maddelere doğru uzanan bir yapısal özelliğe sahiptir. Ölen bir varlık bu mekana astral bedeniyle gitmektedir.

Ezoterizmde tüyün gerçeğin sembolü olarak kullanılmasının neden-
lerinden biri, kuşun ruhun sembolü olarak kullanılmış olmasıdır. Bir
diğer nedeni ise hafifliğinden dolayıdır. Yüklerden kurtuluşun bir
ifadesi olarak görülmüş ve bu yükler de astral tortular olarak nite-
lendirilmiştir.
Ezoterizmdeki bu sembolü mitolojiler geniş bir şekilde kullanmışlardır.

Bu mekanın hangi aşamasında yer alacağı kendi astral bedeninin titreşimleriyle o ortamın titreşimleri arasında kurulan rezonansa bağlıdır. Yani kaba bir astral bedenle, astral âlemin yüksek titreşimli üst boyutlarına yükselebilmemiz mümkün olamamaktadır.

Mısır Mitolojisi'nde ölünün kalbinin tartılışı ile anlatılmak istenen de işte budur.

Konumuzu fazla dağıtmayalım ve bıraktığımız yerden Oğuz Kağan Efsanesi'ne geri dönelim...

Astral Tortularından kurtuluşa doğru

Güder at sürüleri, tutar atlara biner.
Daha genç yaşta iken, çıkar avlara gider.

Geceler günler geçti, nice seneler doldu.
Oğuz da büyüyerek, yahşi bir yiğit oldu.

Oğuz Kağan'ın büyümesi inisiyasyonda belli bir aşamaya geldiğini ifade eder. Nice seneler geçti demesi yıllar süren bir eğitimden geçtiğinin göstergesidir.

Gelmiş olduğu aşama inisiyasyonun çok önemli bir noktasıdır. Artık o arınmanın eşiğindedir. Bu üç aşamalı inisiyasyonun ikinci aşamasına geçiş anlamına gelir.

Bu aşamada her türlü tortudan arınacak ve gerçek kimliğiyle baş başa kalabilecektir. Efsanenin bundan sonraki bölümü inisiyasyonun ikinci aşamasını anlatır. Bu hayli zor bir aşamadır. Bu aşamanın zorluğu mitolojik dilde canavarla olan mücadele şeklinde dile getirilmiştir.

Canavar aslında içindeki canavardır. Korkuları, egosal arzu ve istekleri... Buna sebebiyet veren şey ise öz benliğinden gelen tesirlerin kendisine ulaşmasına engel olan astral tortularıdır.

Önce efsanenin anlatım üslubunu görelim. Sonra ezoterik

sembollerinin ne anlama geldiğini ortaya çıkartmaya çalışalım:

Bu çağda. Bu yerde.
Bir büyük orman vardı, Oğuz yurdundan içre,
Ne nehir, ne ırmaklar akardı bu orman içre.

Ne çok av hayvanları, ormanda yaşar idi.
Ne çok av kuşları da üstünde uçar idi.

Ormanda yaşar idi, çok büyük bir gergedan.
Yer idi yaşatmazdı, ne hayvan ne de insan.

Basarak sürüleri yer idi hep atları,
Zahmet verir insana, alır idi hayatları.

Vermedi hiçbir defa, insanoğluna aman,
Öyle bir canavar ki, işte böyle çok yaman.

Oğuz Kağan derlerdi, çok alp bir kişi vardı,
Avlarım gergedanı diye o yere vardı.

"Ormanın içinde nehir ve ırmak olmaması" küçük bir ayrıntı gibi görünse de büyük bir bilginin içinde bulunduğu bir sembol konumundadır.

Bu sembolün içerdiği anlamı daha iyi görebilmek için masallara da konu olan Türk Mitolojisi'nin genel temalarından birini hatırlatmak istiyorum.

Susuz kalan ülke insanın hikayesidir...

Bir zamanlar Kafdağı'nın ardında bolluklar içinde yaşayan zengin bir ülke varmış. Fakat bir gün hiç beklenmeyen bir şey olmuş. Ülkeye bolluk ve bereket getiren ırmak kurumuş. Ülkenin tam ortasından geçen bu ırmağın kurumasıyla da bir anda her şey kötü gitmeye başlamış. Önce büyük bir kuraklık arkasından da, büyük bir kıtlık ülkeyi sarmış, perişan etmiş.

Aradan günler, haftalar, aylar geçmiş bir türlü soruna çare bulunamamış...

Nice kahramanlar yollara dökülmüş, hepsi nafile. Tüm çarelerin tükendiğinin düşünüldüğü bir anda genç bir kahraman çıkar. Ve ben der, bu çaresizliğe ben çare bulacağım.

Kuruyan nehir yatağından başlar yürümeye. Yürüye yürüye nehrin ilk çıkış kaynağına ulaşır. Bir de bakar ki, büyük bir canavar, nehrin çıkış yatağında uzanmış yatıyor. Canavarı öldürürse nehrin yeniden akmaya başlayacağını fark eder. Genç kahraman ağzından alevler saçan 7 başlı canavarla kılıcıyla büyük bir mücadeleye tutuşur. Ancak kılıcıyla her kestiği başın yerine yeni bir baş çıkmaktadır.

Gücünün bitmek üzere olduğu bir anda, ak sakallı bir dede ortaya çıkıverir. Genç dövüşçünün yanına gelir ve canavarın göğsündeki belli bir noktayı gösterir. *"İşte"* der: *"Oraya kılıcını saplarsan, kestiğin başların yerine yenileri çıkmaz."*

Genç dövüşçü de ak sakallı ihtiyarın dediğini yapar. Böylelikle kesilen başların yerine yenileri çıkmaz ve kahramanımız canavarı öldürmeyi başarır. Cesedini kaldırıp nehir yatağından atar ve böylelikle nehrin suları yeniden susuz kalan ülkeye doğru akmaya başlar. Suların ülkeye ulaşmasıyla birlikte kıtlık ve felâket son bulur.

Mitolojideki sembolleri teker teker açacak olursak, burada aktarılmak istenen bilgi de kendiliğinden ortaya çıkacaktır:

"Ülke": İnsanı sembolize eder.

"Ülkenin Susuz Kalması": İnsanın iç potansiyel gücünü dünyada kullanamaması, bir başka ifadeyle şuursuz yaşamasıdır. Doğduktan sonra mevcut bilgilerini unutan insanın sembolüdür. Bunun da tek sebebi ruhsal enerjilerinin kabalaşmış astral yapısından kendi benliğine ulaşamamasıdır.

"Genç Kahraman": İnisiye adayını sembolize eder.

"Canavar": Üzerinde durduğumuz asıl konumuz olan astral tortunun sembolüdür.

"Kesilen Başların Yeniden Yerine Gelmesi": Astral tortularımızı temizleyebilmek için inisiyatik bilgilere ihtiyacımızın olduğunu anlatır. Şuursuzca davranarak bunun üstesinden gelemeyeceğimizi ifade eder.

"Ak Sakallı İhtiyar": İnisiyatik sırları bilen bir bilgeyi ya da bizzat inisiyatörü yani öğretmeni sembolize etmektedir.

"Suların Yeniden Ülkeye Gelmesi": İnisiye adayının kendi iç potansiyel gücüne yeniden kavuşmasını yani şuurlanmasını sembolize eder. Bu da astral tortuların temizlenmesi anlamına gelir.

Bu bilgiler ışığında mitolojiyi yeni baştan ele alacak olursak artık onu masal olmaktan çıkartıp içinde gizlediği anlamları çok daha kolay anlayabiliriz. Aynı şekilde Oğuz Kağan Efsanesi'ndeki orman ve ormanın içinde nehir olmamasının da ne anlama geldiği sanırım yeterince açıklık kazanmıştır.

Sizlerin de fark etmiş olduğunuz gibi, Oğuz Kağan efsanesinin bu bölümünde astral tortulardan kurtuluşun inisiyatik bilgisi, mitolojik motifler kullanılarak sanki bir masal anlatılıyormuş gibi üstü örtülü bir şekilde dile getirilmiştir.

Efsanenin devamında da yine bu konunun ayrıntılı bir şekilde anlatıldığını görüyoruz..

İnisiyasyonun ikinci aşamasına doğru

Kargı, kılıç aldı, kalkan ok ile,
Dedi, gergedan artık kendini yok bile.

Ormanda avlanarak, bir geyiği avladı,
Söğüt dalıyla onu bir ağaca bağladı.

Döndü gitti evine, sabah olmadan önce,
Tanın ağırmasıyla, geyiğine dönünce,

Anladı ki gergedan, geyiği çoktan yuttu,
Geyiğin yerine de, bir ayı tuttu.

Çıkararak belinden, Hanlık altın kuşağı,
Ayıyı astı yine, o ağaçtan aşağı.

Yine sabah olmuştu, ağırmıştı tan,
Geldi, bakti ki, almış ayısını gergedan.

Artık bu durum onu can evinden vurmuştu,

Ağaca kendi gelip, tam altında durmuştu.

Gergedan geldiğinde, Oğuz'u görüp durdu,
Oğuzun kalkanına gelip bir baş vurdu.

Kargıyla gergedanın, başına vurdu Oğuz.
Öldürüp gergedanı, kurtardı yurdu Oğuz.

Keserek kılıcıyla, hemen başını aldı,
Döndü gitti evine, iline haber saldı.

Kargı, kılıç, kalkan ve ok inisiyasyonda edindiği ruhsal güçlerine karşılık kullanılmış sembollerdir. Edindiği ruhsal güçleriyle astral tortularını temizleme gayreti burada anlatılmaktadır. Gergedanın başını kesmesi bu tortulardan kurtuluşunun sembolüdür. Ki bu da inisiyasyonun ikinci aşamasının sonuna geldiğinin bir göstergesidir.

Türk Mitolojisi'nde de karşımıza çıkan devler ya da canavarlarla olan mücadele teması, diğer ulusların mitolojilerinde de karşımıza çıkan ortak sembollerden biridir.

İnsanın muhtelif yaşamları boyunca, maddeye bağlanmasından dolayı getirmiş olduğu bir tortu vardır. İç potansiyelimizin ortaya çıkmasına engel teşkil eden bu tortu herkeste mevcuttur. Arınmak için bu tortunun mahiyetine nüfuz etmek, derinliklerine inmek gerekir. İnisiye, böyle bir tecrübeyle karşılaşmak ve muzaffer çıkmak zorundadır.

Bu tortu bazen bir kabuk haline dönüşebilir. Bunun nedeni insanın dünya üzerinde yaşarken negatif enerjilerle daha fazla haşır neşir olmasıdır. Negatif enerjilerin bu tortuları kabuklaştırma özelliği vardır. Bütün dinlerin insanları pozitif düşünceye yönlendirmelerinin aslında en önemli nedeni budur. İnsanların bu tortularını kabuklaştırmamak içindir.

Bu tortular sadece iyi insan olmakla temizlenemezler. İnsanın her alanda kendisine hakim olabilmeyi başarması gerekir. Bu tortuların temizlenmesi için insanın kendi üzerinde özel bir çalışma yapması gerekir. Her türlü egosal arzu ve isteklerden arınmadan bu tortunun temizlenmesi mümkün değildir. Ve bu dünyada başarılabilecek en zor şey budur.

Bir zamanlar inisiyasyonda yapılan da işte buydu.

Mitolojilerde sürekli olarak karşımıza çıkacak olan devlerle ya da canavarlarla mücadele motifi, bu tortunun temizlenme çalışmasının sembolik bir dille anlatılmasından ibarettir.

Efsanenin bu bölümü inisiyasyonun ikinci aşamasını anlatır. Bu, astral tortuların temizlenmesi ile uğraşılan çok önemli bir aşamadır. Bundan sonra inisiye adayının önünde üçüncü ve son aşama kalmıştır. Bu aşamanın üyeleri yerin ve göğün oğulları olarak anılmaktaydı. Bu sembol Oğuz Kağan Efsanesi'nde son derece güzel bir benzetme kullanılarak anlatılmıştır... Şimdi o sembolü görelim:

Oğuz Kağan Göğün Kızı İle Evleniyor

Aşağıda aktaracağım efsanenin bu bölümünün hemen başlangıcında Uygurlar'ın o dönemler Mani Dini'ne bağlı olmalarına rağmen, eski Gök Tanrı Kültü'ne ait olan Oğuz Kağan Efsanesi'nin esas konusuna dokunmadıklarını ve ana motiflerini değiştirmediklerini bir kez daha anlıyoruz. Bunun da en büyük kanıtı Gök Tanrı ifadesinin efsanede aynı kalmış olmasıdır. Çünkü o dönemlerde Uygurlar Mani Dini'nin etkisiyle eski geleneklerden kısmen uzaklaşmışlar ve Gök Tanrı ifadesinin yerine Ay-Tanrı demeye başlamışlardı.

Ancak Uygurlar tarafından kaleme alınmış olan efsanenin bu bölümünde Oğuz Kağan'ın Gök Tanrı'ya dua ettiğinden bahsetmektedir.

Efsanenin bu bölümünde gergedanla olan mücadelesinden galip çıkan Oğuz Kağan'ın gökten inen *"Göğün Kızı"* ve yerdeki bir ağaç kovuğundan çıkan, *"Yerin Kızı"* ile evlendiği anlatılır. Bu inisiyasyonda astral tortularından kurtulan adayın üçüncü aşamaya geçtiğinin sembolüdür.

Yine günlerden bir gün:
Oğuz Kağan bir yerde, Gök Tanrı'ya yalvarırken:
Karanlık bastı birden, bir ışık düştü gökten.
Öyle bir ışık indi, parlak aydan güneşten.

Oğuz Kağan yürüdü, yakınına ışığın,
Oturduğunu gördü, ortasında bir kızın.

Bir ben vardı başında, ateş gibi ışığı,
Çok güzel bir kızdı bu , sanki Kutup yıldızı.

Öyle güzel bir kız ki, gülse gök güle durur.
Kız ağlamak istese, gök de ağlaya durur.

Oğuz kızı görünce, aklı gitti beyninden,
Kıza vuruldu birden, sevdi kızı gönlünden,
Kızla gerdeğe girdi, aldı dilediğinden.

Gebe kalmış idi kız, gün geceler dolunca,
Gözleri aydın oldu, üç oğlancık doğunca.

Birinci oğlancığa, Gün adını koydular,
İkinci oğlancığaysa, Ay adını buldular.
Yıldız olsun üçüncü, diye memnun oldular.

Oğuz Kağan Yerin Kızı İle Evleniyor

Ava gitmişti bir gün, ormanda Oğuz Kağan,
Gölün ortasında bir, tek ağaç uzuyordu,
Ağacın Koğuğunda, bir kız oturuyordu.

Gözü gökten daha gök, bu bir Tanrı kızıydı,

Irmak dalgası gibi, saçları dalgalıydı.

Bir inci idi dişi, ağzında hep parlayan,
Kim olsa şöyle derdi, yeryüzünde yaşayan:

Ah!... Ah!... Biz ölüyoruz. Eyvah. Biz ölüyoruz!...
Der, bağırır dururdu.
Tıpkı tatlı süt gibi, acı kımız olurdu.

Oğuz kızı görünce, aklı başından gitti,
Nedense yüreğine, kordan bir ateş girdi.

Gönülden sevdi kızı, tutup aldı elinden,
Kızla gerdeğe girdi, aldı dilediğinden.

Birinci oğulcuğa, Gün adını buldular,
İkinci oğlanaysa, Ay adını buldular.
Deniz olsun üçüncü, diye memnun oldular.

Oğuz bunu duyunca, ilinde soy soylattı,
Toy yaptı, şölen verdi, çok büyük toy toylattı.

Az önce inisiyasyonun ikinci aşamasını bitiren yani sırlar bilgisine eren kişilerin *"Yerin ve Göğün Oğulları"* adı verilen bir grubun üyeleri sayıldıklarından söz etmiştim. İşte burada da açıkça görüldüğü gibi, Oğuz Kağan'ın *"Göğün ve Yerin Kızları"*yla evlenmesi; *"Yerin ve Göğün Oğulları"* grubuna dahil olmasının mitolojik anlatım tarzından başka bir şey değildir.

"Yerin ve Göğün Oğulları" ifadesi ezoterizmde; göksel - ruhsal bilgilerle donanmış ve açık bir şuurla yeryüzünde yaşayanlar için kullanılan bir deyimdir.

Demek ki Oğuz Kağan aynı zamanda inisiyasyondan geçerek, sırlara ermiş olan bir kişiyi de sembolize etmektedir.

Eğer bu bilgiler ışığında Oğuz Kağan Destanı'nı bir kez daha okursanız, inisiyasyonun nasıl sembollerle, masalımsı bir hava içinde anlatılmış olduğunu daha net görebilirsiniz.

Türk Mitolojisi'nde Oğuz Kağan efsanevi bir Türk hükümdarı olarak ele alınmış ve yeryüzünü zaptederek büyük bir devlet kurduğu söylenmiştir. Daha önce bazı sembol açılımlarından örnekler verirken *"Susuz Kalan Ülke"* motifinde, ülkenin aslında insanı sembolize ettiğini görmüştük. Bu bilgiden hareket edersek, zaptolunacak en büyük ülkenin insanın kendisi olduğunu söyleyebiliriz.

Burada yeryüzünün zaptedilmesiyle, Ezoterizm'de sıkça geçen *"dünyayı yenmek"* meselesi anlatılmak istenmiştir. Mitolojilerde karşılaşılan *"Kayıp Bir Ülkenin Aranması"* ya da *"Kaybomuş Bir Sevgilinin Peşine Düşülmesi"* motifleri hep aynı bilginin sembolleri olmuşlardır.

Fethedilecek ilk ülke insanın kendisidir... Mitoloji kahramanı, hazineyi ya da sevgiliyi ararken bir de bakar ki, kendi benliğini bulmuştur. Bir değişime uğramıştır. Mitolojide, kayıp olan şeyin aranması sırasında, birtakım büyük sınavlardan geçerken kendisine bazı hedefler gösterilir, yardımlar yapılır. Bütün bu uğraşmaları ve çalışmaları, kendisinde bazı değikliklere sebep olmuştur. En son ulaştığı şuur haliyle, olaylara girmeden önceki şuur hali arasında büyük bir fark olduğunu kendisi de sezer.

Artık elde ettiği hazinenin, kavuştuğu sevgilinin, keşfettiği bir yerin önemi kalmamıştır. Öyle bir değişikliğe uğramıştır ki, maddi değerler kendisince silikleşir gider. **Çünkü o artık en büyük hazineyi, yani kendi sırrını bulmuştur.** Böylelikle mabetlerin kapılarında yazılı olan *"kendini bil, Tanrıları da bilirsin"* sözünün ne anlama geldiğini de anlamıştır. Asıl amacına ulaşmıştır...

*

*   *

Aktarmış olduğum bölümün sonunda Oğuz Kağan'ın şölen verdiğinin söylenmesi de bu amaca ulaşmanın kutlanmasıdır. Çünkü mabetlerde gerçekleştirilen inisiyatik çalışmalarda birinci aşamadan ikinci aşamaya, ikinci aşamadan da üçüncü aşamaya geçişte, halkın da davetli olduğu birtakım rütüeller gerçekleştirilmekte, o mabede katılmayanlara da sembolik bir şekilde mabette gerçekleştirilen çalışmaların müzik ve çeşitli piyeslerle sembolik anlatımları gösterilmekteydi. Bu ritüeller tam bir şölen havası içinde geçerdi.

Oğuz Kağan Türkler'in Büyük Kağanı Oluyor

Efsanenin bundan sonraki bölümü Oğuz Kağan'ın Türkler'in Büyük Kağanı olarak ilân edildiğini anlatır. Bu inisiyasyonun sonu anlamına gelir.

Emir verdi Oğuz Han, kendinin iç iline,
Toplandı halk sözleşti, koştu onun eline.

Oğuz kırk masa ile, sıra dizdirmiş idi,
Türlü şaraplar ile, aşlar pişirtmiş idi.

Halk oturdu sofraya, ne kımızlar içtiler,
Ne şaraplar içildi, ne tatlılıra yediler.

Görmüş olduğunuz gibi efsane az önce sözünü ettiğimiz uzun yıllar süren inisiyatik çalışmalarının sonlarında, halkın da katıldığı şölenlerden bahsedilerek devam edilmiş ve sonrasında Oğuz Kağan'ın halkının başına kağan olduğu ifade edilmiştir.

Bu her ne kadar Oğuz Kağan'ın inisiyasyonun sonuna geldiğini anlatan bir ifade olsa da, aynı zamanda bir başka bilgi daha burada anlatılmak istenmiştir. Bu bilgi eski dönemlerde uygulanan bir gelenekle ilgilidir. Bu geleneğe göre halkını idare edecek kağan, kral, padişah gibi yöneticiler mutlaka inisiyatik eğitimden geçirilir ve böylelikle yapacağı yöneticilik vazifesini hakkaniyetle ve bilgelikle gerçekleştirmesi sağlanırdı. Bu gelenek birçok eski toplumda uygulanmaktaydı ki, bunlardan biri de sizlerin de görmüş olduğunuz gibi Eski Türkler'di.

Bu önemli gelenekten daha sonra uzaklaşılmış ve halkı idare edenlerin böyle bir eğitimden geçirilmesinden vazgeçilmişti. Bunu Mısır'da da görmekteyiz. Özellikle firavunlar döneminin sonlarına doğru böyle bir dejenerasyon başlamıştı.

Türkler'de de gerçekleştirilen bu gelenek kısmen Osmanlı imparatorluğu sırasında padişahların bazı tasavvufi tarikatlarda eğitilmesi ile sürdürülmüşse de o eski hâlinden bir hayli uzaklaşılmıştı. Hele ki sonlarına doğru tamamen bâtıni tasavvufi gelenek unutulup gitti.

Toy bitince Oğuz Han, verdi şu buyruğunu:
"Ey benim beğlerimle, ilimin ey budunu.

"Sizlerin başına, ben oldum artık kağan."
"Elimizden düşmesin, ne yayımız ne kalkan."

"Damgamız olsun bize, yol gösteren bir buyan."
"Alpler olun savaşta, Gök-Kurt gibi uluyan."

"Demir kargılar ile, olsun ilimiz orman."
"Av yerlerimiz dolsun, vahşi at ile kulan."

"Yurdumuz ırmaklarla denizler ile dolsun."
"Gökteki Güneş ise yurdun bayrağı olsun."
"İlimizin çadırı, yukarıdaki gök olsun,"
"Dünya devletim ol olsun, halkımız da çok olsun."

Oğuz Kağan artık inisiyatik bir yönetici olarak vazifesine

başlamış ülkesinde bilgeliğin hakim olacağını bu sözlerle efsanede aktarmıştır. Önderinin Bozkurt olacağını söylemesi ve ülkesinin ırmaklarla denizlerle dolacağını ifade etmesinin nedeni budur. Bozkurt ve ırmak sembolleri üzerinde az önce durmuştuk. Denizin de *"bilginin sembolü"* olduğunu hatırlayacak olursak, efsanenin bu bölümünde neler anlatılmak istendiği tüm açıklığıyla ortaya çıkacaktır.

İnisiyasyondaki hiyerarşik oluşum

Ayrıca emir yazdı, dört tarafa Oğuz Han,
Bildirdi elçilerle, öğrendi bunu her yan.

Oğuz bu bildirisinde, buduna şöyle dedi:
"Madem ki Uygurlar'ın, benim büyük Kağanı,"
"O hâlde sayılırım, ben bir dünya Kağanı."
"Bana bağlıdır artık, dünyanın her dört yanı."

"Bana itaat etmek, sizlerden dileğimdir,"
"Benim ağzıma bakıp, durmanız isteğimdir."

"Bana kim baş eğerse, alırım hediyesin,"
"Dost tutarım onu ben, her zaman bana gelsin."

"Kim ağzıma bakmaz, baş tutar olur bana,"
"Ordumu çıkarırrm, o düşman olur bana."

"Derim, bir baskın yapıp, ezeyim bastırayım."
"Yok edeyim ben onu, ezeyim bastırayım."

Efsanenin bu bölümünde yine inisiyasyonun bir başka özelliği daha, üstü örtülü bir şekilde dile getirilmiştir. Bunun ne olduğunu daha iyi anlayabilmek için efsanede bu konuyla ilgili anlatılan diğer satırlara da bir göz atalım...

Yine o çağda idi:
Altun Kağan adında, başka bir Kağan vardı,
Elçisini gönderip, Oğuz Kağan'a vardı.

En nadir yakutlarla, altın gümüşler sundu,
Mücevherler gönderdi, saygı gösterip durdu.

En iyi hediyeyi, sunarak dostluk kıldı.
Baş eğdi Oğuz Han'a, hem de mutluluk kıldı.

Ezoterizme Giriş isimli kitabımda ayrıntılı bir şekilde dile getirmiş olduğum gibi inisiyatik çalışmalar üç aşamadan oluşmaktaydı. Böyle bir eğitime dahil olan bir öğrencinin kaçıncı aşamaya kadar yükselebileceği tamamen onun yeteneğine bağlıydı.

İnisiyasyona giren öğrencilerin büyük bir bölümü daha birinci aşamaya bile gelemeden elenmekte ve eğitimin dışına çıkartılmaktaydı. Üçüncü ve son aşamaya gelebilenlerin sayısı tahminlerinizden çok daha azdı.

Yani her inisiyasyona giren aday, aynı seviyede bu inisiyasyonu tamamlayamıyordu. Böylelikle hiyerarşik bir inisiye kadrosu oluşmaktaydı. Örneğin Sufi Çalışmaları'nda bu çok açık bir şekilde görülebilmekteydi.

Bir mürşit eğittiği öğrencilerini bir süre sonra kendisinden daha ileri seviyede bulunan bir başka mürşide göndermesinin nedeni işte buydu. Mürşitler kendi aralarındaki bu hiyerarşik yapıyı gayet iyi bilirler ve buna büyük bir saygıyla bağlı kalırlardı. Her mürşit bu hiyerarşik yapı içinde hangi basamakta olduğunu gayet iyi bilirdi.

İncelemekte olduğumuz efsanede Altun Kağan'ın Oğuz Kağan'a baş eğmesinden bahsedilmesinin ardındaki gerçek, inisiyasyonun bu özelliğiyle ilgilidir.

OĞUZ KAĞAN'IN AKINLARI BAŞLIYOR

Efsanenin bu bölümü Oğuz Kağan'ın inisiyatörlüğünü anlatır. O da artık öğrencilerini yetiştirmeye başlamıştır. Farklı Türk boylarına yapılan akınlar bu serüveni anlatır. Her bir Türk boyuna yapılan akınlarda Gök - Tanrı İnisiyasyonu'nun içindeki farklı bilgiler mitolojik motifler kullanılarak anlatılmıştır.

Onun artık inisiyatör olmasıyla birlikte efsanede önemli bir sembol de kendisini göstermeye başlar: *"Gök-Kurt..."*

Artık her anında onun yanından ayrılmayacak ve ona kılavuzluk edecektir... Bu da bir zamanlar Orta Asya'da yaşanan büyük gizemin mitolojik üslupla anlatılmasından başka bir şey değildir. Bu büyük gizem atalarımızın Siriusyen kültüre olan açık bağlantısının efsanedeki üstü kapalı ifadesidir.

Evet.. Gelin hep birlikte bu irtibatın *"Oğuz Kağan Efsanesi"*nde nasıl dile getirildiğini görelim...

Gök - Kurt ışıklar içinde ortaya çıkıyor

Urum Kağan derlerdi, ulu büyük bir kağan,
Oğuz'un komşusuydu, sol yanında oturan.

Kentleri çok çok idi, sayısız orduları,
Dinlemezdi Oğuz'dan, giden buyrultuları.

Gitmez idi ardından, direnir durur idi,
"Sözünü tutmam" diye, söylenir durur idi.
Yarlık gönderdi Oğuz, yarlığın dinlemedi,
Oğuz kafasına koydu, yok edeyim ben dedi.

Oğuz yola çıkarak, bayraklarını açıtı,
Muz-Dağ eteklerini, kırk günden sonra aştı.

Çadırları kurdurup, derin uykuya daldı.
Tam tan ağırıyordu, çadıra bir ışık daldı.

Bir erkek kurt göründü, ışıkta soluyarak.
Bir kurt ki, gök yeleli.
Bir kurt ki, göm gök tüylü.
Bakıyordu Oğuz'a ışıkta uluyarak.

Işıklar içinde Gök-Kurt sahneye çıkıyor!... Bunlar tam anlamıyla ruhsal irtibatı anlatan satırlardır. Uykudayken çadırının içine ışığın dolduğunun söylenmesinin nedeni budur. Yani normal bir şuurla değil, belli ki trans hâlindeyken böyle bir irtibat kurulmuş ve aynen Cebrail'in insan suretinde Hz. Muhammed'e göründüğü gibi bu irtibatı kuran varlık ışıklar içinde bir Kurt görüntüsü içinde Oğuz Kağan'a görünür hâle gelmiştir.

Gök tüylü, gök yeleli olarak tasvir edilmesi bu irtibatın göksel mahiyetini gösterir.

Bu göksel kökenin adresi de Kurt görüntüsünün ardında saklıdır: Siriusyen irtibat...

Döndü bu Kurt Oğuz'a tıpkı bir insan gibi.
Ağzından sözler döküldü, tıpkı bir lisan gibi.

Dedi:
"Ey! Ey! Oğuz ey. Bilirim ne dilersin."
"Urum'un illerinde, savaş uğraş istersin."
"Ey Oğuz! Askerini, ben kendim güdeceğim."
"Ordunun en önünde, ben de yürüyeceğim."

Toplattı çadırını, Oğuz duyunca bunu,
Ordusuna gidince, hayretle gördü şunu:

Bir büyük erkek bir kurt, askere öncü gibi!
Gök tüylü, gök yeleli, yol veren izci gibi!

Yürür durur önlerden.

Az önce efsanede anlatılanların ruhsal bir irtibat olduğunu söylemiştik. Ama unutulmamalıdır ki, o dönemlerde Siriusyen varlıklar fiziki olarak da atalarımızla irtibat hâlindeydiler. Bundan daha önce bahsetmiştik..

Nitekim efsanenin bu bölümünde konunun bu yönü açık bir şekilde, Kurdun insan gibi Oğuz'a göründüğü ve ordusunun en önünde kendisinin yürüyeceğini söylemesiyle ortaya çıkmaktadır.

Efsanenin hemen devamında da Gök-Kurt'un söylediği bu sözlerin gerçek olduğu ve Oğuz Kağan'ın ordusunun önünde yürüdüğü anlatılmaktadır.

Oğuz Kağan Urum Kağan'a karşı

Nihayet durdu Gök Kurt nice sonra günlerden.

Duruverdi Oğuz'un ordusu da ardında.
Bir nehir vardı burada İdil - Müren adında.

İdil Müren yeşillikler içinde akan saf aşkın nehri anlamına gelir. İnisiyatik anlamı da bu sözlük anlamıyla bağlantılıdır.

Savaş başladı birden, nehrin kıyılarında,
Ok ile, kargı ile, Kara-Dağ sırtlarında.

Askerler arasında, çok çok vuruşgu oldu,
Halkın gönlü bunaldı, kalplere kaygu doldu.
Bu vuruşma, döğüşme, çok yaman oldu,
İdil-Müren'in suyu, kıpkızıl kanla doldu.

Oğuz Kağan başardı, Urum Kağan da kaçtı,
Kağanlığını aldı, halkı iline kattı.

Oğuz Kağan'ın otağı, ganimetlerle doldu,
Ölü diri ne varsa, onun tutsağı oldu.

Urum Kağan'ın efsanedeki sembolik karşılığı eski realiteler ve eski anlayışlardır. Oğuz Kağan bu anlayışlarla savaşmış ve bu anlayışların yerine Siriusyen kültüre bağlı inisiyatik geleneğini getirmiştir. Bu gelenek bir zamanlar Mu'da varlığını sürdüren bilgelikle de bağlantılıdır. Çünkü Mu'daki inisiyatik gelenek de Siriusyen kültürün bir uzantısından ibaretti.

Urum Kağan'ın kaçması inisiye adayının egosal arzu ve isteklerinden kurtuluşunun da sembolüdür. Yani egonun terk edilmesini simgeler. Bu da insanın kendini bilmesi, kendisiyle buluşmasıdır. Nitekim efsanenin devamında göreceğiniz gibi bir şehrin fethedilmesinden söz edilmektedir ki, ülkenin insanın sembolü olduğunu da daha önce görmüştük.

Uruz Beğ'in oğlu Oğuz Kağan'a bağlanıyor

Uruz adlı kardeşi, vardı Urum Kağan'ın,
Uruz-Beğ'in oğlu da, kurtarıverdi canın.

Uruz-Beğ göndermişti, oğlunu bir şehre,
Dağ başında kurulmuş, gizlenmiş bir nehire.

Uruz-Beğ dedi ona: "Kenti korumak gerek."
"Vuruş bitinceye dek, şehri saklamak gerek."

"Vuruş bittikten sonra, halkını al gel", dedi.
Oğuz bunu duyunca, ne içti ne de yedi.

Oğuz aldı ordusunu hemen bu şehre gitti.
Çok çok altın gümüşle, hediye inci gitti.

Dedi: "Ey Oğuz Kağan. Sen benim kağanımsın."
"Babam bu kenti bana verdi, bunu korumak gerek.'
"Vuruş bitinceye dek, şehri saklamak gerek."
"Harpten sonra kentini, al emrine bana gel."

Uruz-Beğ'in oğlu, sözüne devam etti:
"Düşmanı ise eğer, Oğuz Kağan'ın babam,"
"Beni hiç suçlamayın, suçluysa eğer atam."

"Ben seninleyim her an, emrine bağlanmışım,"
"Emrini emir bilip, sana bel bağlamışım."

Burada çok önemli bir bilgiyle karşılaşmaktayız. Kısaca konuyu açalım..

Falanca filancanın yüzü suyu hürmetine şu anda işlerimiz rast gidiyor, ya da falanca bir kişinin geçmiş kuşakların günahlarını kendi üstüne alarak insanları kurtardığı gibi bazı inançların gerçekle hiçbir dayanağı yoktur. Örneğin Hristiyanlıkta hakim olan Hz. İsa'nın kendisini feda ederek, geçmiş dönemlerin günahlarından insanları kurtardığı gibi bir inanç tamamen dejenere edilmiş ve Pavlus tarafından Hristiyanlığa getirilmiş olan bir inancın sonucu ortaya çıkmıştır.

İnisiyatik bilgilere göre geçmiş dönemlerin suçlarından şimdiki nesil sorumlu tutulamaz. İşte bu bilgi yukarıda aktardığım Oğuz Kağan efsanesinde *"beni hiç suçlamayın, suçluysa eğer atam"* sözüyle ifade edilmiştir.

"Kutumuz olsun sizin, kutlu devletinizin."
"Soyunuzdandır bizim, tohumu neslimizin."

"Tanrı buyurmuş size, yeryüzünü al diye,"
"Başımla kutumu da, veriyorum al diye."

"Hediyeler gönderip, vergimi sunacağım,"
Dostluktan çıkmayacak, yanında duracağım."

Bu yiğidin hoş sözü, Oğuz'u sevindirdi,
Uruz-Beğ'in oğluna gülerek yarlık verdi.

Dedi: "Bana çok altın, çok hediye sunmuşsun,"
"şehrini de, çok iyi korumuşsun."
"şehrini saklayarak, iyi korudun diye,"
"Saklap adını verdim, sana ad olsun diye."

Oğuz Kağan Efsanesi'nde Kıpçak akını başlığı altında anlatılan bu bölüm Oğuz Kağan tarafından inisiye edilen bir kişiyi anlatır. Bu kişinin adı belli değildir. Efsanede Uruz Beğ'in oğlu olarak geçer. Bu aynı zamanda belirli bir kişiyi değil, inisiyasyondaki eğitimin niteliğini anlatan da bir semboldür. Babası eski realiteleri, oğlu ise yeni realiteleri ifade eder. İnisiyasyonda eski realitelerin yerine yenilerinin geldiği anlamında kullanılmış bir semboldür.

Babasının düşmanını kendi dostu olarak kabul etmesi inisiyasyonda eski anlayışların terk edilmesini simgeler.

Gök Tanrı inisiyasyonu Türk boylarına aktarılıyor

Dostluk kıldı Oğuz Han, sonra ordusun aldı,
İdil Nehri'ne gelip, kıyılarında kaldı.

İdil denen bu ırmak, çok çok büyük bir suydu,
Oğuz baktı bir suya, bir de Beğlere sordu:
"Bu İdil Sularını nasıl geçeceğiz biz?"
"Orduda bir Beğ vardı, Oğuz Han'a çöktü diz,

Uluğ Ordu Beğ derler, çok akıllı bir erdi,
Bu yönde Oğuz Han'a yerince akıl verdi.

Baktı ki, yerde bu Beğ, çok ağaç var, çok da dal,
Kesti biçti dalları, kendine yaptı bir sal.

Ağaç sala yatarak, geçti İdil Nehri'ni,
Çok sevindi Oğuz Han, buyurdu şu emrini:

"Kalıver sen burada, oluver bir Sancak Beğ."
"Ben dedim öyle olsun, densin sana "Kıpçak Beğ."

Oğuz orduya geldi, yol erlere göründü,
Yürümeye başlarken, Kurt onlara göründü.

Efsanenin bu ve bundan sonraki bölümleri Gök Tanrı inisiyasyonunun çeşitli Türk boylarına aktarılışını anlatmaktadır. Burada kullanılan nehir geçirme sembolü çok önemli bir mitolojik motiftir.

Nehir geçiriciler

Sembolü daha iyi açıklayabilmek için Doğu Öğretileri'nde karşılaştığımız bazı bilgi ve sembollere kısaca göz atmakta yarar görüyorum.

Nehir geçme sembolünü kullananlardan biri de Buda'dır:

İnsanların büyük bir çoğunluğu nehrin kıyısında bir aşağı bir yukarı koşuşur durur. Fakat nehrin karşısına geçen için ıstırap yoktur.

Hint Mitolojisi'nde gerçeğe ulaşabilmek için, eski realitelerin mutlak surette terk edilmesi gerektiği son derece ilginç bir örneklemeyle anlatılır. Hint Mitolojisi'ndeki *"Titankaralar"*ın öyküsü işte bunun hikâyesidir...

Özetle aktarıyorum:

Nehrin karşısına geçilecektir. Nehrin hemen kıyısında bulunan Titankaralar yolcuları kayıkla karşıdan karşıya geçirmektedir. Ancak kimi yolcular karşı kıyıya geçtikten sonra, kayığı bir türlü terk etmek istemezler. Sırtlarına kayığı alarak dağları tepeleri bu şekilde geçmeye çalışırlar. Tabii kısa bir süre sonra, yorgunluktan yürüyemez bir hale gelerek oldukları yerde çöküp kalırlar. Buna karşılık kayıklarını nehir bitince terk edebilenler, rahatlıkla yollarına devam ederler. Ve varmak istedikleri hedefe ulaşırlar.

Çok kısa bir özetini sunduğumuz bu mitolojik hikaye, anlayışlarını sürekli yenileyemeyenlerin ve karşılaştıkları bilgileri yeri ve zamanı geldiğinde daha üstün bilgilerle değiştiremeyenlerin hâlini anlatması bakımından son derece önemlidir.

Üstünde uzun uzun düşünülmesi gereken bu hikâye bir türlü değişemeyenlerin durumunu anlatır.

İnisiyasyon ise zaten baştan aşağı değişimi hedeflemiş bir eğitim sistemiydi. Oğuz Kağan Efsanesi'nde karşımıza çıkan nehir geçme teması ile anlatılmak istenen buydu. Gök Tanrı İnisiyasyonu'nun Kıpçak Türkleri'ne aktarılışının mitolojik hikayesinden başka bir şey değildir.

Karluk Türk boylarına inisiyasyonun aktarılışı

Efsanenin bu bölümü Gök Tanrı İnisiyasyonu'nun Karluk Türkleri'ne aktarılışıyla devam etmektedir. Ve tabii ki, Türkleri hiç yalnız bırakmayan Gök-Kurt da yine onlarla birlikteydi...

Bir Kurt ki, erkek bir Kurt!
Gök tüylü, Gök yeleli!
Bu kurt döndü Oğuz'a, bakmadan sağa sola,
Dedi: "Ey Oğuz şimdi, ordunu çıkar yola."
"Halkını, beğlerini, atlandır çıkar yola,"
"Baş çekip göstereyim, doğru yol nerde ola."

Oğuz Kağan baktı ki, erkek kurt önler gider,
Ordunun öncüleri, Gök-Kurtu gözler gider.

Oğuz bunu görünce, ne çok sevinmiş idi,
Alaca aygırına, severek binmiş idi.

Efsanenin bundan sonrasında ilginç bir sembol kullanıldığını görüyoruz. Bir atın, buz tutan dağa kaçması...

"At": Duyguları ve astral bedeni sembolize eder. Dağın buzlarla kaplı olması ise astralin kabalaşmasının sembolüdür. Bu da tufandan sonra yeni başlayacak olan Demir Çağ'ın o dönemki anlatımıyla ilgili bir tanımlamadır. Çünkü tufandan sonra başlayan aşamalı aşağıya iniş sürecinde insanlık sadece bilgiden uzaklaşmamış, aynı zamanda insanlığın astral yapılarında da büyük bir kabalaşma meydana gelmiştir.

Demir Çağı tasvir eden dünya üzerindeki çeşitli toplumların mitolojilerinde bu durum farklı semboller kullanılarak dile getirilmiştir ama bu kadar manidar bir şekilde ilk kez bir mitolojide böylesine ince bir nükteyle anlatıldığına şahit oluyorum.

Gelin şimdi bu sembolün efsanede nasıl kullanıldığını görelim:

Apalaca aygırın, Oğuz severdi özden,
Ama at dağa kaçtı, kayboldu birden gözden.

Bu dağ buzlarla kaplı, çok büyük bir dağ idi,
Soğuğun şiddetinden, başı da ap ağ idi.

Çok cesur, çok alp bir Beğ, ordu içinde vardı,
Ne Tanrı, ne Şeytandan, korku içinde vardı.

Ne yorgunluk, ne soğuk, erişmez idi ona,
O beğ dağlara girdi, dokuz gün erdi sona,

Aygırı yakaladı, memnun etti Oğuz'u,
Atamadı üstünden, dağlardaki soğuğu.

Olmuştu kardan adam, kar ile sarılmıştı,
Oğuz onu görünce, gülerek katılmıştı.
Dedi: "Baş ol Beğlere, sen de artık burada kal."

"Sana Karluk diyelim, ölmeyen adını al."

Çok çok mücevher ile hediye verdi ona,
Soyurgadı Karluk'u, devam etti yoluna.

Kalaç Türk boylarına yeni başlayan devri anlatıyor

Oğuz yolda giderken, ağzında kaldı eli,
Çok büyük bir ev gördü, gümüşten pencereli.

Duvarları altından, demirdendi çatısı,
Anahtarı da yoktu, kapalıydı kapısı.

Burada kullanılan ev sembolü mitolojik bir anlatım şahaseridir. Tek bir sembolle pek çok şey anlatılmıştır.

Sembolleri teker teker açarsak burada anlatılmak istenen evden neyin kastedildiğini çok daha rahat anlayabiliriz... Bu semboller: Ev, evin duvarlarının altın oluşu, pencerelerinin gümüşten, çatısının ise demirden yapılmış olması ve evin anahtarının bulunmamasıdır.

Evi ayakta tutan en önemli unsur duvarlardır. Ev duvarlarla yükselir. Duvarlar olmazsa ev de olmaz. Duvar evin başlangıcıdır. Evle anlatılmak istenen içinde yaşanılan ve bir ömür sürülen mekan olmasıdır. Ezoterik olarak kastedilen ise içinde yaşanılan insanlık devreleridir. Bu devrelerin başlangıcı, bilindiği gibi Altın Çağ'dır. Altından duvarlarla anlatılmak istenen budur.

Ezoterizme göre insanlığın geçirdiği devreler içinde daha sonra Gümüş Çağ ve sonrasında ise Demir Çağ gelmiştir. Bir ev inşa edilirken duvarlardan sonra da pencereler ortaya çıkar. Ve son olarak da ev çatısının tamamlanmasıyla inşaatı biter. Demir Çağ bu ev sembolünde ifade edildiği gibi insanlığın yaşayacağı en son çağdır. Demir Çağ ile büyük bir dönem kapanacaktır. Yani evin inşaatı bitecektir. Çatısının demirden olmasının mitolojik anlamı budur.

Evin anahtarının olmaması, bu bilgilerin artık unutulmaya başlandığı dönemi yani Demir Çağ'ın başlangıcını anlatır. Oğuz Kağan'ın bir kişiyi bu evin kapısını açmakla görevlendirmesi, bu sırların açılmasını ifade eder.

Yani Gök Tanrı İnisiyasyonu'nun burada yine aktarılışının bir başka motifle izahı bulunmaktadır. Gök - Tanrı İnisiyasyonu'nun içinde bulunan dünyanın ezoterik tarihi ve insanlığın nereden gelip nereye gitmekte olduğunun bilgisidir burada anlatılan mitolojik hikayenin konusu...

Devam edelim...

Tömürdü Kağul adlı bir er, arana durdu,
Becerikli bir erdi, Oğuz ona buyurdu:
"Sen burada kalacaksın, kapıyı açacaksın,"
"Eve girdikten sonra, orduma varacaksın."

Bu ere de Oğuz Han, dediği için "Kal. Aç."
Böyle münasip gördü, adına dedi "Kalaç."

Gök - Kurt kayboluyor

Yine günlerden bir gün:
Gök tüylü Gök yeleli, Gök-Kurt kaybolmuş idi,
Oğuz bunu görünce, o yerde durmuş idi,

Anladı ki bu yerde, otağı kurmak gerek,
Tarlasız, çorak yerde, düşmanı vurmak gerek.

Altın Çağ'ın Mu ve sonrasında Atlantis Kıtası'nın batışıyla birlikte artık yeni bir döneme girildiğinden bahsetmiş ve bu dönemin adına da Demir Çağ dendiğini söylemiştik. Bu çağda artık eskinin mükemmeliyeti, yerini karanlık bir dönemin bilgisizliğine bırakacaktı. Bu ilk baştan beri biliniyordu. Bu bilgi kuşaktan kuşağa aktarıldı. Eski Türk Kültürü'nün temelini teşkil eden Gök Tanrı Kültü'nün temeli bu bilgiler ve bu inisiyatik sırlarla doluydu. Gök Tanrı Kültü de uzun bir süre kuşaktan kuşağa aktarılarak yaşatılabildi. Bu süreç içinde göksel irtibatın belli bir süreye kadar sürdürülmüş olduğunu da en açık bir şekilde Eski Türk Kültürü'nün içinde yer alan Gök-Kurt sembolüyle görüyoruz. Ancak bu sonsuza dek böyle sürmedi bir süre sonra zayıfladı ve sonunda tamamen kesildi.

"Gök tüylü Gök yeleli, Gök-Kurt kaybolmuş idi" diyerek efsanenin bu bölümü işte o zayıfladığı günleri anlatmaktadır...

Birlikte takip edelim:

Çürçed adlı bu ilin, çok büyük otlakları,
Çok malı, çok sığırı, vardı pekçok atları.

Çok altın çok gümüşler, vardı Çürçed Kağan'da,
Sayısız mücevherler, bulunurdu hep onda.

Çürçed Kağan'ı aldı, halkıyla ordusunu,
Geldi karşılamaya, Oğuz Han ulusunu.

Ok ile kılıç ile, döktü düşman kanını,
Baş geldi Oğuz Kağan, bastı Çürced Han'ı,

Oğuz öldürdü onu, kesti hemen başını,
Böldü ganimetleri, tâbi kıldı halkını.

Oğuz'un askerleri, halkıyla maiyeti,
Aldılar, sayısız ganimeti.

Az geldi atlar ile, öküz ve katırları,
Yükleme, taşımaya, harpte alınmışları.

Burada sözü edilen mücevher ve ganimetler Demir Çağ'da insanların dünya malına ve dünya zevklerine düşerek, gerçek kimliklerinden uzaklaşacağını anlatır. Oğuz Kağan'ın bu mallara el koyması, inisiyasyonda dünyasal arzu ve isteklerden inisiye adayının uzaklaşmasını anlatır.

Oğuz'da bir ev vardı, akıllı tecrübeli,
Barmaklığ Çosun Biliğ, yatkındı işe eli.

Yapıp koydu içine, bir kağnı arabası,
Harpte ne alınmışsa, Oğuz'un bu ustası.

Kağnıyı çekmek için, canlı öne koşuldu,
Cansız ganimetler de, üzerine konuldu.

Oğuz'un beğleriyle, halkı şaşırdı buna,
Onlar da kağnı yaptı, benzeterek ona.

Kağnılar yürür iken, derlerdi: "Kanğa. Kanğa."
Bunun için de dendi, bu halka artık "Kanğa."

Oğuz bunu görünce, güldü kahkaha ile,
Dedi: "Cansızı çeksin, canlılar kanğa ile."

"Adın Kanğaluğ (Kanglı) olsun, belgeniz de araba."
Bıraktı onları da, gitti başka tarafa.

Gök - Kurt son kez ortaya çıkıyor

Efsanenin bu bölümünde kaybolan Gök-Kurt son kez sahneye çıkıyor:

Gök yeleli, gök tüylü, göründü kutsal Gök-Kurt,

Hint, Tangut illeri de, oldu Oğuz'a bir yurt.

Oğuz yürüyüp gittti, Suriye'nin yoluna,
Baş kesti, savaş yaptı, kattı kendi yurduna.

Söz dışında kalmasın, bilsin bunu da herkes:
Güney'de Barkan adlı, bir il var idi bu kez.

Av kuşları çok olan, zengin bir bucak idi,
Vahşi hayvan yurduydu, havası sıcak idi.

Mücevher, gümüşü çok, altını da paradır,
Halkın yüzünün rengi, kapkaradır.

Bu yerin Kağanı'nın, adına derler Masar,
Oraya giden Oğuz, yaman vuruşur, basar.
Savaşı kazanınca, Masar Kağan da kaçar.

Günlük hayatta mavi renge karşılık gelen "gök" deyiminin, Türk Mitolojisi'nde farklı bir anlamı daha vardır.

"Gök yeleli kurt" *demek, masmavi yeleli kurt demek de*ğildir. Bu daha çok saçların aklığını ifade ederdi. Yine daha çok, saçlara düşen aklıkla edinilen tecrübeyi gösterirdi. Ancak asıl ezoterik kullanılış nedeni, sözü edilen kurdun göksel kimliğini göstermek içindir.

Gök - Kurt'tan söz edildikten sonra Demir Çağ'ın anlatıldığı tasvirlerle efsanenin bu bölümünde karşılaşmış bulunuyoruz.

*

* *

Efsanenin bundan sonrası en güzel bölümüdür. Birbirinden ince nükteler ve sembollerle pek çok bilgi, mitolojik üslubun arasına sıkıştırılarak aktarılmıştır.

Altın yay ve üç gümüş ok...

Söz dışında kalmasın, bilsin herkes bu işi,
Oğuz Han'ın yanında, vardı bir koca kişi.

Sakalı ak, saçı boz, çok uzun tecrübeli,
Asil bir insan idi, akıllı düşünceli.

Ünvanı Tüşimel idi, yani Kağan veziri,
Uluğ Türk idi adı, Oğuz'un seçme eri.

Altından bir yay gördü, uyur iken uykuda,
Yayın bulunuyordu, üç gümüşten oku da.

Türk Mitolojisi'nde *"Yay"* gökyüzünün ve göksel güçlerin, *"Ok"* ise gökyüzünden gelen elçilerin sembolüdür. Nitekim efsanenin hemen devamında, altından yayın tüm gökyüzünü kapladığı açık bir şekilde dile getirilir. Bu konuya az sonra tekrar döneceğiz.

Ta Doğu'dan Batı'ya, altın yay uzanmıştı,
Üç gümüş ok Kuzey'e kanatlanmıştı.

Anlattı Oğuz Han'a, uyanınca uykudan,
Rüyayı tabir etti, içindeki duygudan.

Dedi: "Bu düşüm sana, dirlik düzenlik versin."
"Hakanıma inşallah, birlik güvenlik versin."

"Rüyada ne gördüysem, Gök Tanrı'nın sözüyle,
"Seni de öyle yapsın, Tanrı kutsal özüyle."

"Yeryüzünün ki hepsi, dolup taşar boyuna,"
"Tanrım bağışlayıver, Oğuz Kağan soyuna."

"Gök Tanrı'nın sözüyle" cümlesi ruhsal irtibatı anlatır.

Her inisiyatik çalışmada bu tür ileri seviyeli ruhsal ve kozmik irtibatlar kuran özel yetişmiş rahipler bulunmaktaydı. Oğuz Kağan'ın yanındaki Uluğ Türk de işte bunlardan biriydi.

Oğuz Han çok beğendi, Uluğ Türk'ün sözün,
'Öğüt ver' dedi bana, tuttu onun öğüdün.

Sabah olunca gördü, kendinden büyükleri,
Çağırtarak getirtti, kendinden küçükleri.

Dedi: "Hey. Gönlüm benim. Avlansana haydi der,"
"Başa geldi ihtiyarlık, cesaretin hani der."

"Gün, Ay ve Yıldız sizler, gidin gün doğusuna,"
"Gök, Dağ ve Deniz siz de, gidin gün batısına."

Oğuz Han oğulları, bunu hemen duyunca,
Gitti üçü doğuya, üçü batı boyunca.

Av avlayıp, kuşlanan, Gün ile Yıldız ve Ay,
Buldular yolda birden, som altından tam bir yay.

Sundular Oğuz Han'a, Han sevindi hem güldü,
Aldı bu altın yayı, kırarak üçe böldü.

Dedi: "Ey oğullarım. Kullanın bir yay gibi,"
"Oklarınız erişsin, göğe dek bu yay gibi."

Av avlayıp, kulanan, Dağile Deniz ve Gök,
Buldular yolda birden, som altından tam üç ok.

Sundular Oğuz Han'a, Han sevindi hem güldü,
Aldı üç gümüş oku, kırarak üçe böldü.

Dedi: "Ey oğullarım. Sizlerin olsun bu ok,
"Yay atmıştı onları, olun siz de birer ok."

Ak sakallı bilge ermiş kişilerin Türk Mitolojisi'nde önemli bir yeri vardır. Bu bilge kişiler efsanelerde sürekli karşımıza çıkar. Bazı sırları bildikleri için zaman zaman mitoloji kahramanlarına yardımda bulunurlar. Burada da sakalı ak, tecrübeli bir ihtiyar Oğuz Kağan'a üstü kapalı bir şekilde bazı sırları aktarmaktadır. Bunu da rüyasında gördüğü *"ok"* ve *"yay"* sembolleriyle yapmaktadır.

"Yay", Türkler'de hakimiyet sembolüydü. Hatta Büyük Selçuklular'da devlet sembolü olarak bile kullanılmıştır. Oğuz Kağan Destanı'nda yayın, gökyüzünü baştan sona kapladığı söyleniyor. Ancak burada yay bir devletin değil, az önce söylemiş olduğumuz gibi gökyüzünün sembolü olarak kullanılmıştır.

"Ok", Türkler'de elçilik sembolü olarak kullanılmıştır. Örneğin, bir yerden bir yere giden elçiler, yanlarında kendi hükümdarlarına ait oklar taşırlardı.

"Altın Yay" göklerin sembolü olduğuna göre, gökyüzünden atılan ok da göklerin elçilerinin sembolü olarak karşımıza çıktığını çok rahatlıkla anlayabiliriz.

Eski Türk geleneklerinde, Kağanlar'ın, Tanrı'nın elçileri oldukları inancı hayli yaygındı. Çünkü devleti yöneten Kağanlar özel inisiyasyondan geçen bilge kişilerdi. Devletin başı olan

Kağanlar aynı zamanda ruhani lider konumundaydılar ki, bu Oguz Kağan Efsanesi'nde açık bir şekilde görülmektedir.

Eski Türkler'de yeri ve göğü yaratan Tanrı'ya Kang Tengri denilmekteydi. Tengri: Gök Tanrı, Kang ise: Baba ve Ulu Ata anlamına gelmektedir.

Büyük Hun İmparatorluğu'nun meşhur hükümdarı Mete'nin unvanı da *"Tengri'nin Oğlu"* idi.

"Tanrı'nın Oğlu" olma sembolü başlı başına kapalı bir sırdır. Ezoterik anlamı itibarıyla birbiriyle bağlantılı birkaç anlama gelir. Hem Evrensel İdare Mekanizması'na bağlı ileri düzeyli varlıkların, hem de belli bir vazifeyle yeryüzüne doğmuş bulunan bir elçinin sembolüdür.

Bu bilgi birçok yerde karşımıza çıkar. Örneğin İsa Peygamber'in insanlara söylediği ilk sözlerden biri, kendisinin *"Baba'nın Oğlu"* olduğudur. Üç yıl süren vazifesi boyunca bunu birçok kez müritlerine ve çevresindekiler açıkça söylemiştir. Engizisyonda yargılanırken de, bu sözü anlamayan o devrin Yahudi din görevlileri böyle bir söz söyleyip söylemediğini bizzat kendisine sormuşlar ve buna karşılık Hz. İsa hiç tereddüt etmeden onların önünde *"Evet.. Ben Tanrı'nın Oğluyum"* demiştir.

Bu uzun bir süre anlaşılamamıştır. Hatta başka dine mensup olanlar onu putperestlikle suçlamışlardır.

Ancak görüldüğü gibi bu sembolü sadece İsa Peygamber değil ondan çok önceleri de kullananlar vardı. Bunlardan biri de Eski Türkler'di.

Konumuzu toparlayalım.

Efsanede Oğuz Kağan'ın oğullarına verdiği yay ve ok Oğuz Kağan'ın yetiştirdiği inisiyelerin sembolüdür. Yetiştirdiği inisiyelerini de göksel bilgilerle yani evrensel bilgilerle donatmış ve onları da Tanrı'nın Oğulları mertebesine çıkartmıştır.

Efsanenin sonu bu yaşananlardan sonra Oğuz Kağan'ın verdiği büyük şöleni anlatarak noktalanır. Ki bunun da ne anlama geldiğini az önce söylemiştik.

Bunu duyan Oğuz Han, çağırdı kurultayı.
Beğ geldi, halk geldi, selam verdi otağa.
Oğuz Han kendi büyük otağında
Kırk kulaçlık bir direk, sağa dikip sağladı,
Direğin üzerine, altın bir tavuk koyup,
Direğin altına da, bir ak koyun bağladı.

Kırk kulaç bir direk de, sola dikip solladı,
Direğin üzerine, gümeş bir tavuk koyup,
Direğin altına da, kara koyun bağladı.

Sağ yanında Bozoklar, sol yanında da Üçok,
Oturup eğlendiler, kırk gün kırk geceden çok.

Yediler hem içtiler, erip muratlarına,
Oğuz böldü yurdunu, verdi evlatlarına.

Dedi: "Ey oğullarım."
"Ne vuruşmalar gördüm. Ne çok sınırlar aştım."

"Ben ne kargılar ile, ne oklar fırlattım."
"Ne çok atla yürüdüm. Ne düşmanlar ağlattım."

"Nice dostlar gördüm."
"Ben ödedim çok şükür."
"Borcumu Gök Tanrı'ya."

"Veriyorum ben bu yurdumu, artık sizin olsun."

*

*   *

Türk Mitolojisi geçmişe ışık tutuyor

*"Gök - Tanrı İnisiyasyonu"*nun hakim olduğu o günlerde atalarımızla hâlâ *"Siriusyen Kültür"*ün ilişkili olduğu, Türk Mitolojisi'nin efsanelerinde görmüş olduğunuz gibi ezoterik semboller kullanılarak anlatılmış durumdadır. Bu nedenle Gök - Kurt, Türk Mitolojisi'nin en önemli sembolü olarak efsanelerde yerini almış ve bu sembol kullanılarak, kökeni Mu öğretisine ait Gök - Tanrı İnisiyasyonu ile ilgili başka bilgiler de verilmiştir.

Bu efsanelerin atalarımızın kökenini ve bir zamanlar sahip oldukları bilgeliği göstermesi bakımından çok ayrıcalıkla yeri vardır. Hatta şunu da söylemek gerekir ki, sadece atalarımızın değil, dünyamızın geçirdiği tufan öncesi ve sonrasıyla ilgili de önemli bilgiler bu efsanelerin içinde günümüze kadar gelebilmiştir. Bu nedenle sadece bizlerin değil, diğer ulusların da bu efsanelerden edinecekleri pek çok bilgi vardır.

Orta Asya'da yaşayan bu Türk Geleneği daha sonraki yüzyıllarda, Şamanizm'in içinde eriyerek varlığını sürdürmüştür. Eriyerek sözüm yok olmak anlamında değil, onun içine nüfuz etmek anlamındadır.

Yine aradan geçen yüzyıllardan sonra ise, Şamanizm Türkler'in kabul ettiği Müslümanlığın içinde eriyerek tamamen Türkler'e özgü bir İslâm anlayışının oluşmasına neden olmuştur.

Sözünü ettiğim bu erimenin ne denli yoğun bir şekilde kendisini gösterdiğini "TÜRKLER'İN KÜLTÜR KÖKENLERİ" isimli kitabımda sizlere ayrıntılarıyla aktarmıştım.

Bugün hâlâ Anadolu Halk Gelenek ve Görenekleri'nde bu izleri görmek mümkündür. Anadolu Tasavvufu'nun dünya üzerinde eşi benzeri görülmemiş bir gelişme göstermesi de, işte bu *"Gök - Tanrı İnisiyasyonu"* ile başlayan ve sonrasında Şamanizm ile devam eden bu kültür birikimi nedeniyledir.

Yukarıda sözünü ettiğimiz bu zincirin en son halkası Anadolu'da çok etkin bir şekilde varlığını sürdürmüş olan Sufi

Öğretileriyle birbirlerine kenetlenerek, döngüsünü tamamlamıştır.

Orta Asya'da başlayan bir tarih Anadolu'da noktalanmış ve dünya üzerinde eşine rastlanmayan bir kültür birikimini gün ışığına çıkartmıştır. Hep söylediğim gibi, Anadolu İslâmı'nın diğer İslâm ülkelerine hiçbir zaman benzemeyişinin ana nedeni bu kültürel zenginliktir.

Şu anda dünyanın süper gücü olarak varlığını sürdüren ABD'de ise Atlantis'in torunları olan Kızılderililer kültürleriyle birlikte bir zamanlar acımasızca katledilmiştir. O nedenle de artık ABD'de o eski kültürlerin zenginliğini bulmamız mümkün olamamaktadır.

Buna karşılık Anadolu insanının kollektif şuuraltında o bir zamanların Gök - Kurt'u ve Şamanlar'ın o majik ayinleri unutulmuş birer anı olarak varlığını hep sürdürmüştür.

Bugün bu anılardan hiç değilse bir kısmını bu kitap vesilesiyle kısaca da olsa bir kez daha anmak ve hatırlamak istedim.. Gök - Tanrı isimli bu kitabı hazırlamaktaki neden işte budur..

III

TÜRK GELENEĞİ
GÖK TANRI
İNİSİYASYONUNA
BAĞLIDIR

Yerle gök arasında kutsal bir kapı varmış..
Bu kapıyı çift başlı kartal tutarmış...

KADİM GÜNEŞ SEMBOLÜ

"Güneş" Mısır Mitolojisi'nde olduğu gibi Türk mitolojisinde de büyük bir öneme sahipti. Büyük Hun Devleti zamanında hem güneşe, hem de aya, ayrı ayrı saygı gösterildikten sonra, kurbanlar kesildiğini de biliyoruz. Klasik Türk Mitolojisi'ne göre Türkler'de güneş doğunun, ay da batının sembolüydü.

Eski Türk inanç sisteminin bir diğer figürü de göğün en üst katında bulunduğu söylenilen *"Gök Kartalı"*dır. Eski Türk Mitolojisi'ne göre, *"Bu kartalın sol kanadı ayı, sağ kanadı da güneşi örtüyordu."* Bazı figürlerde ise çift başlı kartal bir güneşin üzerinde resmedilmiştir.

Yani ne zaman çift başlı kartalla karşılaşıldıysa mutlaka güneş sembolünün de bu figürle yanyana kullanıldığı görülmüştür.

Gök - Tanrı İnisiyasyonu'nu dile getiren Türk Mitolojisi'nde yerle gök arasında kutsal bir kapının olduğu ve bu kutsal kapıyı da çift başlı bir kartalın tuttuğu söylenmektedir.

Bütün bunlar hep birbirleriyle bağlantılı bir konuyu dile getiren ifadelerdir. Ve aynı zamanda Gök - Tanrı inisiyasyonunun içinde bulunan önemli sembollerdir.

Konuyu biraz açalım..

Işığın, ısının ve yaşamın kaynağı olan Güneş'e tüm uygarlıklarda ilâhî bir nitelik verilmiştir. Güneş ilâhiliğin bütün niteliklerini kendinde toplayan kolektif bir semboldür.

Kendinden ürettiği ışıkla karanlıkları aydınlatması, gerçeklerin görülmesini sağlayan özelliği de güneşin Ezoterizm'deki yerini kuvvetlendirmiştir.

Birçok tradisyonda ilâhi ışığın yeryüzündeki sembolü olan ateşin, göklerdeki sembolü ise Güneş ve her biri birer güneş olan yıldızlardır.

Mısır İnisiyasyonu'nun en önemli sembollerinden biri olan *"Ra Güneşi"*, ezoterik bilgilere göre bizim güneş sistemimizdeki güneşi değil, *"Sirius Güneşi"*'ni ifade eder. Eski Türk Gök - Tanrı geleneğinde de durum aynıdır.

Dünya üzerindeki çeşitli ulusların geleneksel bilgilerinde inisiyelere *"Güneş'in Oğulları"*, *"Işığın Oğulları"*, *"Doğan Ra Yıldızı'nın Oğulları"* gibi adlar verilmiştir.

"Güneş'in Oğulları" tanımlamasına Eski Türkler'de de rastlamaktayız.

Türk Mitolojisi'nin çeşitli efsanelerinde sabaha ve gün doğmasına büyük bir önem verilmiştir. Bütün hayat, güneşle başlıyordu. Güneş battıktan sonra ise, her şey duruyordu...

Çift başlı kartal sembolünün çoğunlukla Güneş ile birlikte resmedilmesinin nedeni, güneşin ifade ettiği anlamla kartalın ifade ettiği anlamın ezoterik olarak birbirleriyle ötüşmesinden dolayıdır. Yeryüzünde yaşayan Kurt'un sembolize ettiği anlamla göklerde uçan kartalın sembolize ettiği anlam ezote-

rizme göre aynıdır. Her ikisi de Siriusyen Kültür'ün sembolleridir. Sirius'un sembolü olarak kullanılmasının bir diğer nedeni de Güneş'e sabit bir şekilde gözünü kırpmadan bakabilen tek hayvan olmasıdır.

Gök - Tanrı İnisiyasyonu'nda kullanılan çift başlı kartal sembolü Sirius A ve Sirus B'nin sembolleridir. O nedenle kullanılan sembollerde çift başlı olarak temsil edilmiştir.

Türk mitolojisinde ve Orta Asya Şamanizmi'nde kartal, "Yerin Göbeği"nden transla yükselen Şamanlar'ın ulaşabileceği "Göğün Göbeği" sayılan güneşe tünemiş bir Tanrı elçisi olarak ifade edilmiştir.

O sözünü ettiğimiz güneşin ise bizim Güneşimizi değil, Sirus Güneşini (yıldızını) ifade ettiğini daha önce belirtmiştim.

Ra - Mu: Güneş Mu

Türk Mitolojisi'nde önemli bir yer işgal eden "Güneş" sembolünün kökeni de Mu Uygarlığı'na dayanmaktadır. Mu Kıtası'nda yaşayan bu ileri düzeyli uygarlık o dönemler Güneş İmparatorluğu olarak anılmaktaydı. Mu Kıtası'nda Güneş İmparatorluğu isminin kullanılmasının önemli nedenleri vardı.

Mu Kültürü'nde inisiyatik sırlar çeşitli hiyeratik şekillerle anlatılmaktaydı.

Daire: Birliği ve bütünselliği ifade eden başı sonu olmayan sonsuz varoluşun, bir başka deyişle varlığın birliğinin sembolüydü. Daire'nin içi Tanrı'yı dışı ise Tanrı'nın yansımasını yani varoluşun küreselliğini göstermekteydi.

Mulular'a göre doğadaki Güneş de, bu dairenin görünür en güzel sembolüydü. Çünkü dünyadaki yaşamın birincil kay-

nağını oluşturmaktaydı. Hatta periyodik doğal afetlerin de birincil sorumlusuydu. Böylelikle hem pozitif hem de negatif güçleri bünyesinde toplamaktadır. Aynen varoluşu meydana getiren pozitif ve negatif enerjiler gibi...

"Ra" ismiyle anılan *"Güneş"*, böylelikle Mulular'ın inisiyatik bilgilerinde önemli bir sembole dönüşmüş oluyordu...

Gerek Güneş İmparatorluğu ismini seçmelerinde, gerekse de Rahip - Kralları'na Ra - Mu ismini takmalarının altında yatan düşünce işte buydu.

Her ne kadar birçok yazar Mu'daki inisiyatik bilgilerini aktarırken *"Mu Dini"* tabirini kullanmışsa da, aslında bildiğimiz anlamda bir dine sahip değillerdi. Çünkü o dönemlerde kozmik bilgilerin sembollere büründürülerek insanlara anlatıldığı dini eğitim sistemi değil, kozmik bilgilerin apaçık öğretildiği inisiyatik bir sistem işler durumdaydı. Henüz daha dinler ve mitolojiler ortaya çıkmamıştı. Çünkü buna gerek yoktu...

O dönemde de bir dizi sembol vardı ama bu semboller bilgilerin üzerini örtmek için değil, meseleyi en kısa yoldan anlatmak için kullanılıyordu. Yani sembolün ifade ettiği anlam herkesce biliniyordu. Aradaki bu fark çok önemlidir. Bizim devremizdeki tüm sembollerin üzeri örtülmüş durumdadır.

Naacal Rahipleri ve Oğuz Kağan

Yukarıda ifade ettiğim gibi Güneş sembolü Mu Kıtası'nda Tanrı'nın tekliğini de ifade etmekteydi. Bu amaçla Güneş Mu'nun tektanrılı dininde daire sembolüyle belirtilirdi. Ve daha önceki kitaplarımda da belirttiğim gibi Mu'da tek Tanrı'dan *"O"* diye söz edilirdi. Kaadir-i Mutlak Yaradan için hiçbir isim ve sıfat kullanılmazdı.

Bu sembol onbinlerce yıl önce Mu'dan Orta Asya'daki Uygurlar'a taşınmış ve Uygurlar yoluyla Avrupa'ya dek aktarılmıştır.

Proto-Türk kültürü üzerinde çalışan birçok araştırmacının

da belirttiği gibi ortası noktalı daire sembolünün Mu'dan göç eden ve Orta Asya'ya yerleşen atalarımız arasında o dönemlerde "oğ" olarak ifade edildiği bilinmektedir.

Oğuz Kağan'ın adının da "Oğ" zamirinden türeyen bir isim olduğu ve o dönemlerde *"Oğ Boyları'nın Kağanı"* anlamına kullanıldığı anlaşılmıştır.

Bu önemli bir ezoterik bilgidir. Çünkü Mu kökenli bilgeliği Atlantis'te yaşatan Naacal rahipleri de aynı Oğuz Kağan'ın ismindeki anlam gibi *"Bir'in Oğulları"* olarak anılmaktaydı. Her iki ezoterik bilgi birbirini tamamlar mahiyettedir. Üstünde önemle durulması gerekir dememin nedeni budur.

Bu açıklamalarımızdan da rahatlıkla anlaşılacağı gibi, bir zamanlar Atlantis'teki Nacaal rahiplerinin inisiyatik bilgileri ile, Gök Tanrı inisiyasyonuna bağlı olan Oğuz Kağan'ın inisiyatik bilgileri ve kökeni birbirleriyle tamamen örtüşmektedir. Bu büyük benzerlik Türk Mitolojisi'nin içinde de kendisini gösterir. Türk Mitolojisi'nin birçok bölümünde bunları görmek mümkündür.

Ve kitabımın çeşitli yerlerinde sürekli vurguladığım gibi hepsinin gelip dayandığı köken Siriusyen Kültür ve onların yeryüzüne uzanan elleridir. Siriusyen Kültür'den uzanan bu ellerin bıraktıkları izleri şu anda sadece mitolojilerde ve ezoterik gelenekte görüyor ve buralardan takip edebiliyoruz. Ancak bir zamanlar atalarımız bu kültürle iç içe yaşamışlar ve bu kültürü kendilerinden sonraki kuşaklara efsanelerin içine işleyerek, üstünü örterek bizlere kadar iletmişlerdir.

Güneş Sembolü'nün ilk kez kullanılışı

Türk Mitolojisi'nin çeşitli efsanelerinde insanların Tanrı'yla yaşadığı dönemlerden bahsedilmektedir.

Bu, ezoterizmde *"insanların Tanrılarla birlikte yaşadığı"* söylenilen ifadeyle tamamen örtüşen bir tanımlamadır. Ve o dönemlerde güneşin de olmadığından söz edilir. Peki bunlar ne anlama gelir?

Önce efsanelerde bu konunun nasıl aktarıldığını görelim, sonra da ezoterik anlamı üzerinde duralım:

Ne ay, ne güneş varmış, insanlar uçarlarmış,
Uçanlar ısı verir, ışıklar saçarlarmış.

Nasıl olmuşsa birgün, bir insan hastalanmış,
Tanrı bir şey göndermiş göğün içinde yanmış.

Aynaya benzer şeyler, büyümüş büyümüşler.
Onların ışıkları, gökleri bürümüşler.

Bunlar göklerde yanan, ayla güneş olmuşlar,
Yeryüzünde yaşayan, insana eş olmuşlar.

Altay Türklerinin yukarıdaki efsanelerini, Kalmuk'lar biraz daha değiştirerek, şöyle anlatırlar:

İnsanolu yaşarmış, Tanrı'nın göklerinde,
Ne suç ne günah varmış insanın kökerinde.
İhtiyaç duymazlarmış, ne ay, ne de güneşe,
Tanrıyla yaşarlarmış yokmuş gerek bir eşe.

Tanrı onlara kızmış, insana şekil vermiş,
Dünyaya gidin demiş yeryüzüne göndermiş.

Ne ısı, ne de sıcak, insan saçamaz olmuş,
Tanrıya güneş için, insanolu yalvarmış,
Tanrı güneşle aya, buyurmuş hep parlamış.

İnsanların uçmaları, ışıklar saçması astrallerinin temiz olduğunu gösterir. Tanrılarla birlikte yaşamaları ise, yeryüzünde yaşarken göksel irtibatlarını koparmamış olmalarını gösterir. Mevlâna'nın işaret etmiş olduğu gibi bir elleri yeryüzünde, bir elleri gökyüzündedir.

Bu yapılan tüm tasvirler Mu Kıtası'nda bir zamanlar yaşanan mükemmelliyet devrinin anlatımlarıdır. Efsanede daha sonra güneş ve aydan söz edilmesi, Mu'daki bu bilgeliğin daha sonraları sembollere büründürülerek bizim devremize intikal ettirilmiş olduğunu ifade etmektedir. Bu sembol, Mu kültürünün temasa girdiği her uygarlıkta kendisini göstermiştir.

Atalarımız için de en önemli sembollerden biri olmasının nedeni budur. Aynen Atlantis ve Mısır'da olduğu gibi...

Efsanenin sonunda artık insanların ısı ve sıcaklık saçamaz olması, yeni başlayan devrede insanların astrallerinin kabalaşmaya başladığının yani içine girilmiş olan Demir Çağ'ın mecazi anlatımlarından başka bir şey değildir.

İnsanoğlunun Tanrı'ya "güneş" için yalvarmış olması da inanılmaz bir incelikle çok önemli bir ezoterik prensibin anlatılmasıyla ilgili bir ifadedir. Bu sözle, bir zamanlar dünya üzerinde hakim olan inisiyatik bilgilerin, sembolik bir şekilde de olsa kuşaktan kuşağa iletilmesi gerektiği prensibi burada anlatılmak istenmiştir. Evet.. İnsanlık içine girilen bu yeni devre içinde bilgelikten uzaklaşaktı ama eskinin anısı da hiçbir zaman insanlığın hafızasından tamamen kazınmayacak, o yüce bilgelik kültürü üstü örtülü bir biçimde geleceğe taşınacaktı. Ta ki, zamanı gelip de bu örtülü bilgilerin üzerleri açılıncaya kadar.. İşte şimdi o günlerin içindeyiz.. Ve eskinin bilgelik kültürü, çağımızda tüm muhafazakarlık engellemelerine rağmen yeniden açılmaktadır. Sonuna kadar açılıncaya kadar da bu süreç devam edecektir.

Kendini bir insan say...

Aşağıda özetini çıkardığımız efsane, Altay dağlarının kuzeyinde yaşayan Teleüt Türkleri tarafından anlatılmıştır:

Yeryüzünde yaşarmış büyük güçlü bir hakan,
Güzel bir kızı varmış, bayılırmış her bakan.

Hakan demiş: "Kızıma, layıktır ayla güneş,
"İnsanolu neyime, nasıl olsun ona eş!"

Almış kızını koymuş, küçük bir çöpten eve,
Ayla güneşi tutmuş, indirmiş gökten yere.

Ayın sabrı kesilmiş, az bakmış pencereden,
Yemekler buz kesilmiş, fırlamış tencereden.

Han'ın sözüne kanan, güneş kapıdan bakmış,
Gökyüzüne uzanan, alevler evi yakmış.

Hakan demiş: "Güneş ay, insanların neyine"
"Kendini bir insan say dön kızım sen evine!"

İnsanlığın aşağıya iniş sürecine girdiği ve bilgelikten uzaklaşarak Demir Çağ'ın başladığı bu kadar ince bir üslupla anlatıldığı dünya üzerinde bir başka efsane yoktur... Öyle semboller kullanılarak, öyle bir mizansen içinde efsane anlatılmıştır ki, insan okuyunca gerçekten hayran oluyor.

Efsanede kullanılan ezoterik sembolleri teker teker açalım..

Evlilik vuslatın yani yer ile göğün evliliğinin sembolüdür. Ezoterizmde sözü edilen bu evlilik göksel bilgilerle kavuşmak, onlarla birlikte yaşamaktır.

Efsanede sözü edilen Hakan kızını bu vuslat için evlendirmek istemekte ancak Güneş'in kızın kaldığı evi yaktığından söz edilmektedir. Bu ifade artık göksel - ilâhi bilgilerle insanların yaşayamayacağını anlatmaktadır. Nitekim evin de çöplük bir ev olduğu ifade edilmiştir.

Ev kişinin içinde bulunduğu realiteyi sembolleştirir. Yani insanlık artık çok geri bir realitenin içine girmiştir. Göksel bilgilere artık eskiden olduğu gibi yaklaşamayacaktır. Çünkü böyle bir durumu astral yapısı da kaldıramayacaktır. Bu nedenle de güneşle karşılaşıldığında evin yandığından söz edilmektedir.

Efsanede Hakan'ın artık kızını eve geri çağırması ve artık kendisini insan sayması gerektiğini söylemesi de içine girilen çağda başka türlü yaşama imkanının kalmadığını anlatmaktadır.

Özetleyecek olursak; Mu'dan Orta Asya'ya göç eden atalarımızın artık o eski mükemmelliyet döneminden her geçen gün biraz daha uzaklaşmaya başlayacaklarını ve sonunda Demir Çağ'ın ağırlığı altında yaşamaya başlayacaklarını efsanede anlatıldığı söyleyebiliriz.

Gerçekten de öyle olmuş ve aradan geçen her yüzyılla birlikte gittikçe o eski anılar unutulmuş, *"Demir Çağ"*ın karanlığı hakim olmuştur. Ancak o sözünü ettiğimiz eskinin anıları ve bilgeliği efsanelerle günümüze kadar gelebilmiştir.

Başka bir sembolle devam edelim...

Sirusyen bir başka sembol:
DEMİR KAZIK YILDIZI

Atalarımızın bir zamanlar Siriusyen bilgilerle irtibatlı olduğunu gösteren bir diğer önemli sembol de *"Demir Kazık Yıldızı"*dır...

Orta Asya'da yaşayan ilk efsanelerden, daha sonraları Şamanist Türk efsanelerine varıncaya kadar, atalarımızın kültüründe hep kendisini göstermiş olan bu gizemli yıldız Siriusyen kültürün izlerini gösteren en önemli sembollerden biridir...

Atalarımızın *"Demir Kazık Yıldızı"* adını verdikleri bu yıldız efsanelere göre diğer bütün burçların eksenini teşkil ediyordu. Dünyamız da dahil olmak üzere diğer bütün gezegenler onun etrafında dönüyordu. Türk kozmogonisine göre Dünyamız *"Demir Kazık Yıldızı"*na göğün direği konumundaki demir bir ağaç ile bağlıydı. *"Demir Kazık Yıldızı"* Türk Mitolojisi'nin kozmolojik düşünce düzeninin temel noktasını oluşturur.

Dünyamızın bu bağlantı noktası göğe açılan bir kapıydı. Bu kapıdan geçilerek *"Demir Kazık Yıldızı"*na ulaşılabilmekteydi. Bu mitolojik ifadeler daha sonraları Şamanlar'ın her bir köyde bulunan gök direklerini sembolize eden tahtadan yapılan ağacı anımsadan nesneler üzerine tırmanarak bir zamanlar dile getirilen sırrı temsili olarak halka sergilemekteydiler.

Bu arada küçük bir hatırlatmada bulunmak istiyorum: Avrupa kavimlerinde de, böyle bir gök direği sembolüyle karşılaşmaktayız.

Avrupa Mitolojisi'nde buna, "Universalis Columna" yani "Evrenin Direği" veya sütunu denmişti. Hıristiyanlar'ın Yeni Yıl Kutlamaları'nda süsledikleri Noel Ağacı ve Noel Agacı'nın en üst noktasına taktıkları yıldız da, yine bu bu konuyla bağlantılıdır.

> Derler Demir Kazık Yıldızı, gökteki bu kapıdan,
> Aydınlatırmış bizi, nur verir üst yapıdan.

> Şamanlar kartal olur, bu kapıyı aşarmış,
> Tanrıya yoldaş olur, şeytanları basarmış.

> Bütün göklere yerden, açılırmış bir kapı,
> Bir büyük direk dipten, olmuş kapının sapı.

Açıkça nur, yani ışık saçtığının söylenmesi göksel bilgelendirmenin ifadesidir. Nitekim Şamanlar'ın kartal olup bu irtibatı sağladıklarında Tanrı'ya yoldaş olduklarının söylen-

mesi de, söylemiş olduğumuz sözlerimizi tasdikler nitelikte-
dir. Efsanelerde anlatılanlara bakacak olursak sözü edilen bu
yıldızın Dünyamız ile ilgili çok önemli bir fonksiyonu bulun-
maktadır.

Peki bu gizemli yıldız hangi yıldızdır?...

Klasik Mitoloji yorumcuları bu yıldızın Kutup Yıldızı ola-
bileceğini söylemektedirler. Bu yıldızın da Kutup Yıldızı oldu-
ğu ileri sürülecek olursa, o zaman Kutup Yıldızı'nın demirle
bir ilişkisinin olması ya da bu ilişkiyi çağrıştıracak bir özelliği-
nin bulunması gerekmektedir. Ancak astronomik bilgilerimize
göre Kutup Yıldızı'nın bu tür bir ilintiyi çağrıştırabilecek hiç-
bir özelliği bulunmamaktadır. Peki bu ilintiyi çağrıştırabilecek
bir başka yıldız var mıdır? Evet.. Vardır..

Bu yıldız bir tür yoğun demirden oluşan Sirius B'dir. Ve
Ezoterizme göre de bu yıldız Dünyamız'ın görüp gözeticiliği-
ni üstlenmiş önemli bir Galaktik Uygarlık'tır. (*)

Eski Toplumların geleneklerinde en çok sözü edilen tek yıldız

Sirius A ve Sirius B'den oluşan Sirius, Büyük Köpek
Takımyıldızı'nın bir üyesidir.

Bu yıldız sadece atalarımızın mitolojilerinde değil Çin'den
Mısır'a, Afrika'nın bazı kabileleri'nden Mezopotamya'ya,
Hititler'den Romalılar'a, Mayalar'dan Hititler'e varıncaya
kadar dünya üzerindeki birçok toplumun eski geleneklerinde
hep çok ayrıcalıklı bir yere sahip olmuştur.

(*) Kimi astronomlara göre de Sirius–B tümüyle, evrim geçirmiş bir
elementten veya bir tür "yoğun demir"den oluşmaktadır. Sirius-B'nin
yüzeyi Dünya'daki en sert nesne kabul edilen elmastan 300 kere daha
serttir. Küçük olmasına karşın çok ağırdır, bir santi-metreküp maddesi
33 ton gelir. Bir beyaz cüce hâline gelmek üzere içine çökmüş Sirius-B
yıldızıdır. Dünyamızdan biraz daha küçük olmasına karşın ağırlığı
dünyamızın 400.000 katıdır. (Vikipedi)

Dünya üzerindeki toplumların manevi öğretilerinde ve dini inanç sistemlerinde en çok sözü edilen Sirius, Kur'an-ı Kerim'de ise sözü edilen tek yıldızdır.

Yıldız anlamına gelen Necm Suresi'nin sonlarına doğru bir yıldızın adından da söz edilmiştir:

Şüphesiz O, "Şi'râ'nın Rabbidir.
(NECM: 53/49)

Ayette geçen *"Şira Yıldızı" "Sirius Yıldızı"*nın Arapça'daki karşılığıdır.

Hz. Muhammad'den önceki dönemlerde, geçmişi çok eskilere dayanan bir geleneğin uzantısı olarak, başta Himyer ve Huzâ kabilelerinde Şira Yıldızı'na bir kutsiyet atfedilmiş ve o yıldıza karşı çeşitli ritüeller uygulanmaktaydı. Ayet bu eski geleneğe atıfta bulunmuş ve kutsiyet atfettikleri yıldızın rabbinin de Allah olduğu söylenmiştir. Dünya üzerindeki tüm dinler ya Tufan Öncesi Atlantis ve Mu Kültürleri'nden ya da "Kozmik Ruhsal İrtibatlar"dan kaynaklanmıştır. Bazen her iki unsurun bir arada bulunduğu dini sistemler de vardır.

Ancak hepsinin ortak özelliği, bir şekilde "Sirius Kültürü"yle ilintili olmalarıdır. Bu bilgi bir zamanlar sadece inisiyatik mabetlerde eğitilen rahiplere aktarılırdı. Daha sonra insanlığın aşamalı aşağıya inişi süresince ve özellikle de son 2000 yıldır geniş halk kitlelerinden tamamıyla gizli tutulmuş bir bilgidir. Hatta o denli gizli tutulmuştur ki, dini eğitim sistemlerinin kendi kutsal kitaplarında bile, bu tamamen gizlenmiştir. **Sirius Kültürü hakkında, Kur'an-ı Kerim'de sadece iki surede toplam birkaç ayetle üstü kapalı atıflarda bulunulmuştur.** Bunun haricinde hiçbir bilgi verilmemiştir.

Sirius A ve Sirius B birbirleri etrafında 49.9 yılda bir çift yay çizerek dolanırlar. Ve ne ilginçtir ki, Necm Suresi'nde Sirius'tan bahseden ayet numarası da görmüş olduğunuz gibi 49'dur.

Üzerinde görüp gözeticiler olan yıldız...

"*Sirius Yıldızı*"ndan bahseden bir diğer Sure de Târık Suresi'dir. Târık sözcüğünün anlamı "*keskin ışıklı yıldız*" anlamına gelir.

Göğe ve Târıka andolsun.
Târıkın ne olduğunu sen ne bileceksin?
O, (ışığıyla karanlığı) delen yıldızdır.
(TÂRIK: 86/1-3)

Evrende büyük bir hiyerarşik düzenin mevcut olduğu, çok eski çağlardan beri bilinmekteydi... Hatta eski çağlarda bu konu çok daha açık bir şekilde insanların anlayışlarında yer etmiş durumdaydı. Aşağıya inişin doğal sonucu olarak, zamanla bu bilgiler unutuldu...

Yeri gelmişken şunu da hatırlatalım ki, Dünya insanlığının ruhsal gelişiminde çok aktif bir görev üstlenmiş olan "Sirius Kültürü"nün haricinde fizik kainatta onlara benzer sayısız kültür odakları mevcuttur. Onların yerine bir başkası da, bu işle "Evrensel İdare Mekanizması" tarafından görevlendirilebilirdi... Demek ki, dünyamız için onlar uygun görüldü. Hiç değilse bu devre için...

Târık'ın ne olduğunu sen ne bileceksin ifadesiyle bu kozmik ilahi hiyerarşik görüp gözetmenin unutulmuş olduğu anlatılmaktadır.

Ve bu görüp gözeticilik sisteminin mevcut olduğu hemen ayetin devamında aslında son derece açık bir şekilde dile getirilmiştir:

Hiçbir kimse yoktur ki, üzerinde koruyucu bulunmasın.
(TÂRIK: 86/4)

Kur'an-ı Kerim'de "*karanlığı delen yıldız*" olarak ondan

bahsetmesi ile Eski Türk Gelenekleri'ndeki bu yıldız hakkındaki açıklamalar birbirleriyle çok büyük bir benzerlik gösterir.

Eski Türk geleneklerine göre, bu yıldız tanrının ışıklı ülkeleri olan gök ile yeryüzünü birleştiren kutsal bir kapıydı.

Eski Türk efsaneleri ve eski Türk gelenekleri bu yıldızla ilgili üstü kapalı şu açıklamalarda bulunmuşlardır:

> Tanrı insanlara bu kapıdan iyilikler gönderirdi. Şamanlar uçarak bu kapıdan Tanrı ile iletişime geçerler bu yıldıza ulaşıp yukarısına çıkamazlardı. Tanrı Şamanlar'a bu kapı vasıtasıyla bir elçisini gönderir Şamanlar'ın isteklerini bu elçi vasıtasıyla dinlerdi.

Dönemin Maliye Bakanı Abdülhalik Renda başkanlığındaki komisyon tarfından 1, 5, 10, 50, 100, 500 ve 1.000 liralık kupürlerden oluşan banknotlar belirlenmiş; basım, bir İngiliz firması olan De La Rue tarafından filigranlı kâğıtlara kabartma olarak basılmıştır.

Kurt resmi 5 liralık kupürlerde kullanılmıştır.

Bu birinci emisyon grubundaki banknotlar 1 Kasım 1928 Harf Devrimi'nden önce bastırıldığı için ana metinleri Arapça, kupür değerleri ise Fransızca olarak yazılmıştır.

Mustafa Kemal Atatürk'e arkadaşlarının bu paradan sonra "Çılgın Türk" diye kendi aralarında bir lakap taktığı söylenmektedir.

GÖK-KURT'UN ANISI HİÇ SİLİNMEDİ

Kurdun kudsiyeti Türkler'in Gelenekleri'nden hiç silin-memiştir... En eski Türk Gelenekleri'nden daha yakın zamana kadar olan Türk Gelenekleri'nde Gök - Kurt hep atalarımızlaydı...

Son dönemlerde atalarımızın Gök - Kurt'un ne anlama geldiği unutulsa da, 1927 yılında Mustafa Kemal Atatürk tarafından bastırılan ilk Türkiye Cumhuriyeti paramızda Kurt yine ön plandaydı...

Evet.. Bu sembol ilk kez mitolojilerde kullanılmış sonrasında ise geçmişten gelen bir anı olarak asıl anlamı kaybolsa da yaşamaya devam etmiştir. Ancak şunu da belirtmek gerekir ki, atalarımız bu konu hakkında açık bir bilgiyi hiçbir zaman vermemişlerdir. O dönemlerle ilgili tüm bilgilerimiz bu kitabımızın başından beri sizlere sunduğumuz gibi mitolojik kayıtlar vasıtasıyla olabilmiştir.

O günlerden bugünlere kadar çok uzun bir süre geçti... Atalarımız gibi bir zamanlar onlarla birlikte yaşayan Gök - Kurt da artık Orta Asya'yı terk etmiş durumda...

Ama şunu unutmamak gerekir ki, atalarımızın Ergenekon Efsanesi'yle geleceğe ilettikleri mesaja göre; Gök - Kurt Demir Çağı'nın sonunda yeniden ortaya çıkacak ve bizden sonraki kuşaklar onun kozmik bilgileriyle yeniden buluşabileceklerdir.

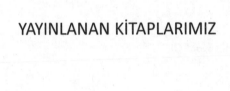

YAYINLANAN KİTAPLARIMIZ

ANTİK MISIR SIRLARI
Ergun CANDAN						30.00 TL

ARİF İÇİN DİN YOKTUR
Kevser YEŞİLTAŞ						20.00 TL

ATALARIMIZIN GÖK TANRI DİNİ
Ergun CANDAN						16.00 TL

ATLANTİS BİLGELİĞİ
Murry HOPE						20.00 TL

AY'I KİMLER YAPTI
Christopher KNIGHT, Alan BUTLER				20.00 TL

BÂTINI MEVLÂNA
Kevser YEŞİLTAŞ - Nilüfer DİNÇ				17.00 TL

BEBEĞİMDİ MELEĞİM OLDU
Gül YALÇINKAYA						14.50 TL

BUDİZM'İN GİZLİ ÖĞRETİSİ
Jo Durden SMITH						23.50 TL

ÇİN BİLGELİĞİ Tai Chi Chuan
Harun M. SOYDAN						16.00 TL

DİN ve BEYİN
Prof. Dr. Gazi ÖZDEMİR					35.00 TL

EFSUNLU KEMAL
Nehir ROGGENDORF						30.00 TL

EN-EL HAK GİZLİ ÖĞRETİSİ
Kevser YEŞİLTAŞ						25.00 TL

EZOTERİZME GİRİŞ
Ergun CANDAN						29.00 TL

GALAKTİK GEN
Will HART   23.00 TL

GİZLİ SIRLAR ÖĞRETİSİ
Ergun CANDAN   19.50 TL

GİZLİ YÖNLERİYLE ATATÜRK
Ergun CANDAN   19.00 TL

Hz. HIZIR KİMDİR?
Nilüfer DİNÇ   14.00 TL

HİTLER'İN YÜKSELİŞİNİN ARDINDAKİ SIR VE NAZİ UFOLARI
Emre ÖZYUMURTACILAR   29.50 TL

IŞIĞIN VE KARANLIĞIN OĞULLARI
Yavuz KESKİN   15.00 TL

IŞIK ERİ HACI BEKTAŞ VELİ
Kevser YEŞİLTAŞ   20.00 TL

İSA PEYGAMBER'İN GİZLİ ÖĞRETİSİ
Ergun CANDAN   25.00 TL

İSTANBUL'UN KADİM SIRLARI
Murat İrfan AĞCABAY   29.50 TL

KABE'NİN SIRRI
Erdem ÇETİNKAYA   18.00 TL

KADERİMİZE YÖN VEREN EVREN YASALARI
Sezaver SEÇKİ   19.00 TL

KADERİN ŞİFRESİ
Celalettin İPEKBAYRAK   20.00 TL

KADİM CADILIK ÖĞRETİSİ
Erhan ALTUNAY   15.00 TL

KAHİN VANGA
Renan SEÇKİN   17.00 TL

KORUYUCU MELEĞİNİZ SİZİ BEKLİYOR
Aksu BÜYÜKATLI   17.50 TL

KIYAMET ALAMETLERİ
Ergun CANDAN   23.50 TL

KUANTUM GİZLİ ÖĞRETİSİ
Kevser YEŞİLTAŞ   19.00 TL

KUR'AN-I KERİM'DEKİ GİZLİ AYETLER
Mesut YILMAZ   20.00 TL

KUR'AN-I KERİM'İN GİZLİ ÖĞRETİSİ
Ergun CANDAN   32.00 TL

MAYA KEHANETLERİ
A. GİLBERT, M. COTTERELL   25.00 TL

MEVLÂNA'NIN GİZLİ ÖĞRETİSİ
John BALDOCK   23.50 TL

MİSTİK BİLİM
Neslihan ALANTAR   28.50 TL

NUH'UN GEMİLERİ
Ergun CANDAN   17.50 TL

ÖLÜMDEN SONRA NELER OLUYOR?
Ergun CANDAN   19.00 TL

PAPALIĞIN SONU
Harun KOLÇAK   18.00 TL

RUHSAL GÜÇLERİ GELİŞTİRME TEKNİKLERİ
Ergun CANDAN   16.00 TL

PARANORMAL FENOMEN
Renan SEÇKİN   22.00 TL

SESLERİN GİZLİ GÜCÜ
Jonathan GOLDMAN   20.00 TL

SON ÜÇ PEYGAMBER
Ergun CANDAN   23.50 TL

SUFİ BİLGELİĞİ - GÜLİSTAN
Şirazlı SADİ   18.00 TL

SÜRÜDEN AYRILANI KURT KAPMAZ
Ekin DUMAN   18.00 TL

TANRI İNSANDA UYUR İNSANDA UYANIR
Emel KESKİNKILIÇ   22.00 TL

TAO'NUN GİZLİ ÖĞRETİSİ
Pamela BALL   23.50 TL

TEVRAT'IN ŞİFRESİ VE GİZLİ KEHANETLERİ
Joseph NOAH   16.00 TL

TÜRKLER'İN KÜLTÜR KÖKENLERİ
Ergun CANDAN   32.00 TL

UFO GERÇEKLERİ & YALANLARI
Farah YURDÖZÜ   14.00 TL

YAŞANMIŞ ESRARENGİZ OLAYLAR
Ergun CANDAN   20.00 TL

YILDIZLARDAN GELEN TANRILAR
Selman GERÇEKSEVER   14.00 TL

SINIR ÖTESİ'NDE ÇOK SATANLAR

KUR'AN-I KERİMİN GİZLİ ÖĞRETİSİ
ERGUN CANDAN, Sy: 592

Türkiye'de ilk kez!... Kur'an-ı Kerim'in sembolik bilgileri, Bâtıni İslam Tasavvufu'nun ışığında sizlerle buluşuyor. Kitabın en dikkat çekici özelliğinden biri de, günümüzde hadis kaynaklarına dayandırılan İslamiyet ile ilgili birçok bilginin, gerçeklere uymadığının belgelerle anlatılmış olmasıdır. Bazı Yahudi din adamlarının o devirde Müslümanlığa geçmiş gibi görünerek, yalan hadisleri nasıl günümüze kadar getirmiş olduklarını da tüm ayrıntılarıyla bu kitapta bulacaksınız.

Hallac-ı Mansur En-el Hak Gizli Öğretisi
Kevser YEŞİLTAŞ Sy: 352

Hallac-ı Mansur'un bu sırrı açıklaması aslında o devrin halkı için değil, ahir zamanı yaşayan bu devrin halkı içindir. Hallac-ı Mansur o dönemde bu sırrı bu şekilde açıklamamış olsaydı, o devirden bu devire kadar bu sır üzerinde bu kadar büyük araştırmalar yapılamayacaktı. O nedenle Hallac-ı Mansur'a bu sırrı o devirde açıkladığı için çok şeyler borçluyuz... Şu anda biz hâlâ tek bir cümleye sıkıştırılmış olan bu sırrın mahiyetine ulaşmaya, derinliklerine inmeye çalışıyoruz.

SON ÜÇ PEYGAMBER
Ergun CANDAN, Sy: 344

2000 yıldır saklanan "Sırlar Bilgisi" 2000 yıl sonra açılıyor... Şimdiye kadar hiç bir yerde yayınlanmamış çok özel bilgilerin ele alındığı bu kitap; "Dinler Tarihi" nin gizli kalmış önemli bir bölümüne ışık tutacak nitelikte hazırlanmıştır. Son üç dinin bilinmeyen gizli tarihi içinde yolculuk yaparken, o yılları yeniden yaşayacaksınız...

İSTANBUL'UN KADİM SIRLARI
Murat İrfan AĞCABAY Sy:432

Üç büyük dinin kutsal emanetleri neden İstanbul'da buluştu? Bir çağın sona erişinin ve yeni bir başlangıcın sembolü Ayasofya, sırrın anahtarını mı saklıyor? Kutsal Ahid sandığı İstanbul'da mı? Kadim sembolizmdeki anahtar işaretler günümüze nasıl bir mesaj iletiyor? İşaret koyucu Kelt kişişleri İstanbul'da ne arıyordu? Gerçeklerin su üstüne çıkacağı ve gökyüzü ile yeryüzünün el ele vereceği kıyamet kapısı İstanbul'da mı açılacak? İstanbul'un altında başka bir İstanbul mu var?
Bu ve buna benzer yüzlerce sorunun yanıtını bu kitapta bulacaksınız.

RUHSAL GÜÇLERİ GELİŞTİRME TEKNİKLERİ
Ergun CANDAN,   Sy: 208

İç potansiyel gücünüzü ortaya çıkartabilir, yaşam içinde büyük bir güce sahip olabilir ve yaşamınızı isteğinize bağlı olarak yönlendirebilirsiniz. Duyular Dışı Algılamalarınızı pratik uygulanabilir metotlarla siz de geliştirebilirsiniz. Telepati, Durugörü, Astral Seyahat, Telekinezi, Psikokinezi vs...

GİZLİ SIRLAR ÖĞRETİSİ
Ergun CANDAN,   Sy: 264

Ezoterik Batıni Öğretiler ile ilgili temel kavramların ele alındığı bu çalışma Ergun Candan'ın ilk kitabıdır. Bir zamanlar gizli mabetlerin derinliklerinde saklanan sırlar nelerdi? Bu sırların kaynağı? Neydi? Ve bu sırlar nereden gelmişti? Bu sırlar sembollere büründürülerek günümüze nasıl ulaştırılmıştır?

ANTİK MISIR SIRLARI
Ergun CANDAN,   Sy: 496

Bir zamanlar "Ezoterik Kültür"ün en önde gelen kalelerinden biri olan Antik Mısır, Dünya coğrafyasında yer almış en gizemli toplumlardan biridir. Mısır, kadim çağlarda çok sayıda kişiyi eğiten ve yetiştiren bir okuldu... Kitabın sayfalarını açtığınızda, Mısır'da gerçekleştirilen "Gizli Öğreti"ye, mabetlerin içine girerek, bizzat kendiniz şahit olacaksınız...

Hz. HIZIR KİMDİR
Nilüfer DİNÇ,   Sy: 184

Hızır değil, Hızırlar vardır...
Bu varlıklar ilahi yardımın fiziki elleri gibidir. Ve her yerdedir... Peki onların yardımına nasıl ulaşabiliriz? Hızır aksakallı bir dede görünümünde gelmeyebilir... Hiç tanımadığınız bir kişi olarak, hatta bazen tanıdığınız bir kişi olarak da yanınıza uğrayabilir... Onları tanıyamazsınız. Hatta bazen bazı olayları ve bazı kişileri vesile ederek de onlar yardım ellerini size ulaştırabilirler...

IŞIK ERİ HACI BEKTAŞ VELİ

Kevser YEŞİLTAŞ Sy:304

Hararet nârda'dır, sac'da değil,
Kerâmet sendedir, tâc'da değil.
Her ne arar isen, kendinde ara,
Kudüs'te, Mekke'de, Hâc'da değil.
Bu kitapta Makalat isimli eserinin ezoterik açıklamasıyla
beraber, Hacı Bektaş'ın hayatı, Bektaşi öğretisinin sembolleri,
Kırk Makam, Tanrı kavramı gibi pek çok konu ele alınmıştır

DİN ve BEYİN

Prof. Dr. Gazi ÖZDEMİR, Sy: 547

Prof. Dr. Gazi Özdemir, bu kitabında aslında her şeyin bir ve
tek olduğuna ilişkin evrensel prensibin insanda ve doğada
nasıl işlemekte olduğunu ortaya koyuyor. Kitapta göre-
ceksiniz ki beynin ve sinir sisteminin çalışma prensipleri ile
insanlığın tabi olduğu yaşam prensipleri birebir aynı kural-
lara göre işlemektedir.

BÂTINİ MEVLÂNA

Kevser YEŞİLTAŞ, Nilüfer DİNÇ Sy: 272

Mevlâna Celâleddin-i Rumi'nin bâtıni öğretisi, diğer Sufi öğretilerinde
olduğu gibi üç aşamadan oluşmuştu. Bu aşamalar Şeriat, Tarikat,
Hakikat olarak isimlendirilmiştir.
Şeriat, tarikat, hakikat arasındaki ilişkiyi mum örneğiyle açıklar:
*"Şeriat muma benzer; insana yol gösterir. Fakat sadece mumu ele
almakla yol aşılmaz. O mumun ışığında yola düştün mü, işte bu gidiş
tarîktir. Yola çıkıştaki hedefine ve maksadına ulaştın mı, işte bu
hakikattir."*

EZOTERİZME GİRİŞ

Ergun CANDAN, Sy: 400

Ezoterizmin içindeki bilgileri öğrenmek ve bu bilgiler ışığında
dinsel metinleri okumak, dinlerin içindeki gerçek mesajları
yakalayabilmemizde bize çok büyük kolaylık sağlayacaktır.
Dinlerin dili semboliktir ve bu semboller ezoterik içeriklidir.
İnanmış olduğumuz dinin bizlere aktarmış olduğu ilahi mesajları
daha kapsamlı öğrenmek isteyen herkes ezoterizme müracaat
etmek zorundadır.

Ezoterizmin içindeki bilgileri öğrenmek ve bu bilgiler ışığında dinsel metinleri okumak, dinlerin içindeki gerçek mesajları yakalayabilmemizde bize çok büyük kolaylık sağlayacaktır. Dolayısıyla dinlerin de gerçek değeriyle algılanmasında bu çalışma, bizlere büyük bir oranda yardımcı olacaktır.

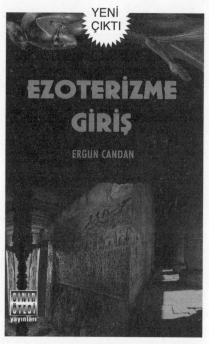

Ezoterik bilgiler ışığında kutsal metinler incelendiğinde, dinlerle ilgili bilgilerimizin ne kadar eksik olduğu hemen ortaya çıkacaktır. Çünkü dinlerin dili semboliktir ve bu semboller ezoterik içeriklidir. Dinlerin günümüzde hâlâ geniş halk kesimlerince tam olarak anlaşılamamasının ve dinlerle ilgili kulaktan dolma klâsik yorumlarla yetinilmesinin tek sebebi işte budur.

İnanmış olduğumuz dinin bizlere aktarmış olduğu ilâhi mesajları daha kapsamlı olarak öğrenmek isteyen herkes, ezoterizme müracaat etmek zorundadır. Aksi takdirde ilâhi mesajlar bizler için kapalı kalacaktır.

Ünlü Sufi Muhyiddin İbn-i Arabi bu konuda şöyle demiştir:

"Din iki türlüdür. Biri, Allah katında Allah'ın bildirdiği kimse ile o kimsenin bildirdiği kimseler nazarında malum olan; öteki de halk nazarında bilinen dindir."

Tasavvuf'tan ve Bâtıni Öğreti'den uzak bir anlayışla dini ele alan din görevlilerinin İslâmiyeti ve diğer dinleri dış görünümleriyle insanlara sunmaları, halkı dinsel gerçeklerden uzaklaştırmıştır. Durum böyle olunca, dinsel bilgilerin sembolik değil, birebir ele alınması gerektiğini savunan hârici görüşün halk üzerinde hakim olması sağlanmıştır.

Ancak şunu çok iyi biliyoruz ki, uzun bir süredir bizlere unutturulmaya çalışılan Tasavvufi Öğreti yeniden halkımızla buluşacaktır. Bu kitabın bu yolda küçük bir adımın atılmasına vesile olması en büyük dileğimizdir.

YAKINDA ÇIKACAK KİTAPLARIMIZ

AŞKA VARDIKTAN SONRA
KANADI KİM ARAR?

YUNUS EMRE

Kevser YEŞİLTAŞ

Ezoterizme Göre

HALİL CİBRAN

Öğretisi

Ergun CANDAN - Nilüfer DİNÇ

MS. I

BURADAYDILAR

Emre ÖZYUMURTACILAR

GÖBEKLİTEPE

Levent SEPİCİ

Harran'da Alman arkeolog Klaus Schmidt tarafından bulunan 12.000 yıl öncesine ait olduğu belirlenen Sâbiîlere ait olan mabetler Dünya Tarihini değiştirdi. Bu tarih Atlantis'in batışına denk gelmektedir. Belli ki bu mabetler Tufan Öncesi'ne ait uygarlıkların ürünüdür.

Çeşitli İslâmi kaynaklarda Hz. Muhammed ve ashabına ilk zamanlar Sâbiî denilmiş olduğuna dikkat çeken kimi araştırmacılara göre, Hz. Musa'nın öğretisinin ezoterik içeriğini korumaya ve sürdürmeye çalışmış olan Esenîler'in İsa Peygamber için görmüş olduğu fonksiyona benzer bir fonksiyonu, İslâm Geleneğinde ilk zamanlarda Sâbiîler adı verilen bu gizemli topluluk yerine getirmiştir.

1996 yılında başlatılan ve hâlâ devam edilen Göbekli Tepe'deki mabetlerde gerçekleştirilen kazı çalışmalarında ortaya çıkan çarpıcı sonuçları ve Sâbiîlerle Hz. Muhammed'in ne tür birliktelikte bulunduğu tüm açıklığıyla bu kitapta sizlere sunuluyor.

Hz. MUHAMMED'İN VAHYİ ALIŞI

Ergun CANDAN

Sufi Bilgesi NASRETTİN HOCA

Neslihan ALANTAR

www.sinirotesi.com

% 40

indirim